W0039807

Wolfgang Kling

Stettin
Swinemünde
Insel Wollin

Entdeckertouren

Preisangaben Hotels

€ = bis 60 Euro (bis ca. 240 zł)
€€ = von 60 bis 100 Euro
            (von ca. 240 bis 400 zł)
€€€ = über 100 Euro (über 400 zł)

Die Preisangaben beziehen sich,
soweit nicht anders beschrieben,
auf das günstigste Doppelzimmer
mit Frühstück in der Hauptsaison.

Abkürzungen

FeWo	Ferienwohnung
FeHaus	Ferienhaus
App.	Appartement
🏃	Familientipps
★	Highlights
via: Tipp	Persönliche Empfeh-lungen des Autors

Kartensymbole

ⓘ Touristeninformation

★ Sehenswürdigkeit

■ Besonderes Gebäude

🏖 Strand

☀ Aussichtspunkt

⛪ Kirche

Ⓟ Parkplatz

Ⓣ Tankstelle

Ⓗ Bushaltestelle

🗼 Leuchtturm

⚓ Hafen

Westpommern erleben

Willkommen in Westpommern

Pommern wendet sein Gesicht dem Meer zu. „Am Meere gelegen" bedeutet ja auch sein Name, auf Polnisch *po morze*. Die geographische Form Pommerns wird gern mit einem Schmetterling verglichen, der auf das offene Meer hinausfliegt. Sein Leib entspricht der Oder, Stettin dem Kopf, die Inseln Usedom und Wollin figurieren als seine Fühler. Vorpommern erscheint als der zerzauste und kleinere linke, das ehemalige Hinterpommern als der rechte Flügel.

Die heutige Wojwodschaft Westpommern, *Zachodniopomorskie*, umfasst den gesamten westlichen Teil des historischen Hinterpommern und nimmt eine Fläche von mehr als 20.000 Quadratkilometern ein. Sie reicht an der Küste von Swinemünde, polnisch *Świnoujście*, bis *Darłowo*, dem einstigen Rügenwalde. Hauptstadt ist die Odermetropole Stettin, *Szczecin*. Bevor die Oder nach über 800 Kilometern ins Baltische Meer mündet, bläht sie sich zum riesigen, 900 Quadratkilometer großen Stettiner Haff auf und umfließt danach in drei Mündungsarmen die Ostseeinseln Usedom und Wollin. Die drei quellosen Flüsse heißen Peenestrom im Westen, Swine in der Mitte und Dievenow im Osten.

Stadt, Land, Fluss, Meer

Die beiden Inseln Usedom und Wollin zählen zu den ältesten Urlaubsregionen in Europa. Bereits im frühen 19. Jahrhundert reisten die ersten Touristen an, um zunächst vor allem die erholsame Meeresluft zu genießen und später auch, um sich in die kühlen Ostseewellen zu wagen. Hohe Herrschaften, Mächtige und die Reichen ließen sich hier fortan sehen und bauten prächtige Sommerresidenzen und Palais. Mitte des 20. Jahrhunderts – einige Jahrzehnte nach den großen Grenzverschiebungen nach dem Zweiten Weltkrieg – urlaubte das proletarische Polen an den Gestaden des Baltischen Meeres. Es entstanden volkseigene Betriebsferienheime mit wenig anheimelndem Äußeren, die man längst in freundliche Sanatorien verwandelt hat. Überhaupt ist mittlerweile an der polnischen Ostseeküste die touristische Infrastruktur überall gut bis bestens ausgebaut und braucht den Vergleich mit dem Standard in westeuropäischen Urlaubsregionen keinesfalls zu scheuen. Ein Extraplus sind dabei die noch immer sehr günstigen touristischen Ferienangebote, vor allem für Familien.

An der Küste der **Insel Wollin** liegen einige einst hochnoble Seebäder. Vor allem Misdroy möchte gerne wieder an seine Glanzzeiten anknüpfen. Es dominieren helle, fast weiße Sandstände. Hinter dem meist silbern schimmernden Baltischen Meer: Steile Klippen, hohe Dünen, grün bewaldete Hügel. Im Hinterland trifft man auf alte pommersche Landstädtchen, aus denen noch go-

Beeindruckend: Die Steilküste Wollins

tische Kirchtürme ragen. Weite Felder, Wiesen, Weiden, Wälder prägen die Landschaft. Überall liegen verstreut die eiszeitlichen Findlinge aus Skandinavien, mit denen früher die Dorfkirchen gebaut und die weiten Chausseen Pommerns gepflastert wurden.

Swinemünde, die größte Stadt der Sonneninsel Usedom, besitzt einen wunderschönen Strand, der über die bewachsenen Dünen zur Ostsee flach abfällt. Als historisches Datum darf der 19. August 2011 gelten – seit diesem Sommertag kann man sich völlig frei und grenzenlos auf der zwölf Kilometer langen Europapromenade vom polnischen *Świnoujście* bis zum deutschen Kaiserbad Bansin bewegen, per pedes, mit dem Rad oder auf sonstigen Rollen.

Stettin ist wie Swinemünde eine sehr weitläufige Stadt. Von der nordwestlichen zur südöstlichen Stadtgrenze sind es gut 40 Kilometer Luftlinie. Dazwischen: Breite Alleen mit Platanen- und Magnolienspalieren, sternförmige Plätze, Architektur im gründerzeitlichen Stilgemisch des Historismus, im dekorativen Jugendstil bis hin zum Modernismus.

Die Odermetropole gilt mit ihren zahlreichen Parks, Gärten und Alleen als die grünste Großstadt Polens. Die Rekonstruktions- und Restaurationsarbeiten der kriegszerstörten Altstadt Stettins sind noch nicht beendet. Aber die Neue Altstadt prägt architektonisch und von ihrem Flair längst wieder einen beträchtlichen Teil des Viertels unterhalb des Schlosses. Und die meisten

historischen Sehenswürdigkeiten hat man – allerdings erst sehr spät – in den Nachkriegsjahrzehnten wieder aufgebaut oder mittlerweile liebevoll renoviert.

Bis zum Jahre 1945 war Stettin eine bedeutende Stadt am Kreuzungspunkt der europäischen Handelswege von Norden nach Süden und von Osten nach Westen sowie ein wichtiger Eisenbahnknotenpunkt. Der Eiserne Vorhang nach dem Zweiten Weltkrieg machte die Stadt zur Endstation. Der polnische Staat konnte zunächst nicht viel mit diesem urbanen Flecken ganz weit im Westen des Landes anfangen. Man traute der Sache nicht so recht und behandelte die Oderstadt eher wie ein gepachtetes Stück Land. Sollte das neue Szczecin wirklich Szczecin bleiben oder doch wieder zu Stettin werden?

Inzwischen sind die alten nationalen Barrieren gefallen und das heutige Stettin scheint eine neue Identität gefunden zu haben – als Stadt mit slawischem Ursprung, deutscher Geschichte, polnischer Gegenwart und europäischer Zukunft. Stolz präsentiert die Stadt am Wasser ihr neues visionäres Werbekonzept *„Szczecin 2050 – floating garden"*: Die herrlichen Deltagewässer, die Oderinseln und die Kanäle sollen in den nächsten Jahrzehnten zu einem grünen ökologischen *Venedig des Nordens* entwickelt werden!

Aktivurlaub im Mikroklima

„Schiffe unter vollem Segel, galoppierende Pferde, ein weiter Himmel über uns" – trällerte im Jahre 2002 die polnische Gruppe „Wilki" vergnügt im Refrain ihres Superhits „Baśka". Will heißen: So schön wie diese drei Phänomene sind die (polnischen) Frauen. Und Schöneres gibt´s auf der ganzen Welt nicht mehr! Der französische Dichter *Honoré de Balzac*, von dem die poetischen Bilder ursprünglich stammen, hatte außerdem noch den besonderen Charme „tanzender Frauen" angepriesen. Wer nun offenen Auges durchs Pommerland reist, wird schnell merken: Das sinnliche Volksempfinden von den schönsten Dingen im Leben könnte durchaus seinen Ursprung hier im Pommerschen haben. Denn: Segeln auf dem Baltischen Meer, dem Stettiner Haff oder den vielen Seen, Reiten und Wandern querfeldein oder unter einem weiten, unendlich scheinenden Himmel oder auch durch Wälder und Landschaftsparks – das ist gewissermaßen Pommernalltag! Darüber hinaus erwarten den aktiven Feriengast im äußersten Nordwesten Polens außerdem beste Möglichkeiten zum Radeln durch eine ursprüngliche Natur, Baden in der See, Paddeln auf sauberen Flüssen, Wellness- und Kururlaub mit Meeresblick, Sightseeing in der pommerschen Großstadt Stettin und in den attraktiven Seebädern. Und tanzende Frauen sieht man übrigens sowieso allerorts! Warum also in die Ferne schweifen, wenn das Gute ganz nah liegt. Westpommern gehört – so meinen wir – gewiss zu den schönsten und touristisch attraktivsten Regionen in Europa!

STECKBRIEF Westpommern

Polnisch: Wojwodschaft Zachodniopomorskie

Verwaltung: Die Wojwodschaft ist in 18 Landkreise unterteilt

Telefon-Vorwahl aus Deutschland nach Westpommern: (0048) 91, **nach Deutschland:** 0049

Fläche: 22.896 qkm

Landschaftliche Struktur: Land-wirtschaft 49,9 %, Wälder 36,2 %, Gewässer 5,2 %

Einwohner: 1.687.000

Wirtschaft: Wichtige polnische Häfen in Stettin und Swinemünde, Werftstandort Stettin, Landwirtschaft, Tourismus (besonders Küste)

Arbeitslosenquote: 16,3 % (Stand 2014)

Natur & Landschaft

Vor rund 500.000 Jahren sorgten extreme klimatische Veränderungen dafür, dass riesige Gletscher ganz Nordeuropa bedeckten. Warmperioden unterbrachen die folgenden drei Eiszeiten. Beim jeweiligen Vordringen der Eismassen und beim Abfließen der getauten Gletscher wurde die Erde stets neu geformt. Vor etwa 15.000 Jahren zerfiel der mächtige Eispanzer über dem nördlichen Europa allmählich vollends. Zurück blieben verschiedenartige Ablagerungen und Vertiefungen: Hügel, Sanderflächen und viel Wasser – das charakteristische Landschaftsrelief an der Ostsee.

Meer, Dünen & Moränen

Die skandinavischen Gletscher schoben bei ihrem Vordringen nach Süden gewaltige Massen Gesteinsschutt vor sich her und walzten dabei die Erde platt. So entstanden einerseits die Küstenniederungen des mitteleuropäischen Tieflands und andererseits hügelige Höhenzüge am Ende der Vereisung. Diese **Endmoränen** sind charakteristisch für die nordpolnische Landschaft. Bei den **Grundmoränen** handelt es sich um unter den Gletschern abgelagerten Schutt, der durch das Eis vom Untergrund losgelöst und mitgeführt wurde. In diesen Zonen ist die Landschaft leicht gewellt. Wo die Grundmoränenplatten bis an die Küste reichen, werden sie von der Strömung und der Brandung gekappt. Die Erosionstätigkeit des Meeres schafft **Steilküsten mit schroffen Kliffbildungen**, wie zum Beispiel bei Misdroy an der Küste der Insel Wollin. Die Kliffe bestehen hauptsächlich aus Ton und Lehm, in die eiszeitliche Geröllmassen eingelagert sind. Riesige Felsbrocken versperren nicht selten den Strandwanderern den Weg. Auch Stürme und Wellen verändern ständig das Aussehen der Küste. Besonders im Spätherbst graben Regen und Schmelzwasser tiefe Furchen in Hänge und Dünen. Im Winter arbeitet an ihnen der Frost. Der Sturm hat dann ein leichtes Spiel, Stücke heraus zu brechen. Die Sande werden mit West-Ost-Strömung anderswo wieder angelandet. Breite Strände wie bei Swinemünde, Nehrungen, Haffs und Dünen entstehen.

Beim größten Teil der polnischen Ostseeküste handelt es sich um eine **Ausgleichsküste** ohne nennenswerte Einschnitte, mit seichten Ufern, breiten Sandstränden und bewaldeten Dünen dahinter. Eine ausgeprägte **Haffküste** haben wir an der Odermündung nördlich von Stettin. Das **Stettiner Haff** ist fast schon ein kleines Meer. Es gehört zu einem lang gestreckten Areal von Boddengewässern, die durch Inseln, Halbinseln und Landzungen von der offenen See getrennt sind.

Idylle am Achterwasser

Armes Pommern steinreich

Reich bestückt hat die Natur das eher arme Land mit Steinen, die die Eiszeit aus Skandinavien mitbrachte. Man hat sie gut genutzt – die Alten für ihre Werkzeuge und Waffen, die frühen Pommernchristen bauten damit ihre Gotteshäuser, für die Kutschen entstanden steinerne Straßen und Chausseen und die Handelsstationen wurden zu gepflasterten Marktplätzen. Der Stein-Reichtum scheint nicht abzuebben. Die hinterpommersche Landschaft ist noch immer von den „wandernden Steinen" übersät. Manche dieser Findlinge haben imposante Maße und ragen nicht selten spektakulär aus dem Wasser an den Seeufern, wie der *Königstein* bei Cammin oder der *Fischotterfelsen* am Wolliner Otternhöhlensee, *Jez. Czajcze*. Die Phantasie der Bevölkerung machte aus ihnen „Teufelssteine" oder ließ sie von Riesen über die pommersche Erde schleudern.

Küstenflora & -fauna

Die maritime Dünenlandschaft unterscheidet zwischen Graudünen und Weißdünen. **Graudünen** sind ältere Dünen, die eine geschlossene Vegetationsdecke aus Sträuchern, Gräsern, Flechten und Moosen aufweisen. Auf ihnen gedeihen **Stiefmütterchen**, die **Sandstrohblume**, die **Braunrote Sitter** und die **Stranddistel**, deren Bestand stark gefährdet ist. Die jüngeren und weitaus pflanzenärmeren **Weißdünen** werden besonders von zwei Grasarten befestigt: vom **Strandhafer** und vom **Haargras**. Weit verbreitet sind das **Riedgras**, der **Tüpfelfarn** und auch **Maiglöckchen**. Hier und da trifft man noch auf den **Sumpfporst**, ein bis zu 1,5 m hoher Strauch mit immergrünen, lederartigen Blättern und Blütendolden. Er war früher ein beliebtes Mittel gegen Motten und wird daher auch Mottenkraut genannt. Sehr selten ist mittlerweile die **Schwarze Johannisbeere**. Artenreich ist die Moorflora. Man findet mehrere Bärlapparten, den **Sonnentau** und die essbare **Gemeine Moosbeere**, ein Zwergstrauch mit kriechenden Stängeln.

Am **Meeresstrand** gibt es nur sehr wenige Pflanzen, die sich den widrigen Verhältnissen anpassen können. Dazu gehört das *Kalisalz-*

kraut. An den Kliffhängen bei Misdroy findet man vor allem den **Huflattich** und den im Herbst schön orange leuchtenden **Sanddorn**. Die essbaren Beeren dieses dornigen Strauches sind sehr reich an Vitamin C. Die schöne blaublättrige und bis zu 60 cm hohe **Strandaster** wächst auf salzhaltigen Strand- und Sumpfwiesen. Weitere Arten, die in Strandnähe ihren Lebensraum haben, sind der **Gemeine Pestwurz** und die **Strandrogge**, ein sehr hohes und bläulich-grünes Gras, das zum Befestigen des Flugsandes sehr wichtig ist. Überhaupt bilden viele dieser Pflanzen eine **schützende Vegetationsdecke**, die verhindert, dass die Sandschichten auf den Dünen durch starke Winde und Stürme abgetragen werden. Passiert das, werden der Lebensraum dieser Pflanzenwelt und auch die Lebensgrundlage mehrerer

Gleich erreicht: Das Molenende der Kaiserfahrt auf der Insel Kaseburg

Sanddorn leuchtet im Herbst überall entlang der Ostseeküste

Tierarten zerstört. Nicht zuletzt leidet der für die dort lebenden Menschen bedeutsame Küstenschutz darunter. Daher ist das Betreten vieler Dünenabschnitte streng verboten.

Auf den nährstoffarmen und trockenen Böden breiten sich vor allem **Kiefernwälder** oder **Kiefern-Eichen-Mischwälder** aus. Ausgesprochene **Sandkiefernwälder** prägen denn auch oft das Landschaftsbild Nordpolens. So genannte **Rentierflechten**, **Silbergras** und **Heideseggen** bewachsen häufig die Böden des Kiefernwaldes. Ansonsten findet man dort auch **Heidel-** und **Preiselbeeren**, das **Heidekraut**, die **Glockenheide** und die **Krähenbeere**. Die anspruchslose **Birke** ist verstreut in fast allen Kiefernwäldern anzutreffen. Vor allem an den Rändern und an den Waldwegen.

Höchst beeindruckend sind die berühmten **pommerschen Buchenwälder**. Zum Teil gehen sie in einen **Mischwald** mit **Kiefern** und **Eichen** über. Besonders im Küstenbereich Nordwestpolens haben sie oft eine weitgehend geschlossene Verbreitung, da die Buche die mergeligen Grundmoränenböden liebt. Die Waldböden sind in der Regel sehr pflanzenarm, weil die nicht selten riesigen Laubbäume kaum Sonnenlicht durchlassen. An lichteren Stellen gedeihen etwa der **Zahnwurz** und das **Einblättrige Perlgras**. Ansonsten trifft man auf einige Farne, gelegentlich auch auf **Waldmeister**, **Buschwindröschen** und **Waldveilchen**. Die ältesten und schönsten Buchen stehen im **Bukowa-Urwald** südlich von Stettin, an der Kliffküste bei **Misdroy** und an den steilen Hängen im Südwesten der Insel Wollin. Dort sind sie Bestandteile des **Woliński-Nationalparks**.

Auf dem Gebiet des Wolliner Nationalparks horsten einige Paare des seltenen **Seeadlers**. Auch der **Habicht**, der **Turm-** und **Wanderfalke**, **Kormorane**, **Weiß-** und **Schwarzstörche** leben hier. Zurzeit versucht man, den **Uhu** an der Küste wieder heimisch zu machen. Zu den **Möwenarten**, die die Lüfte an der Küste in ihrer Vielzahl und kreischend dominieren, gehören die **Lachmöwe**, die **Silbermöwe**, die **Sturm-** und die **Mantelmöwe**. Bei den **Schwänen**, die auf den Ostseewellen schaukeln, handelt es sich um **Höcker-** und **Singschwäne**. Groß ist die Anzahl der langbeinigen **Schnepfenvögel**. Zu ihnen zählen beispielsweise der **Große Brachvogel** und die **Bekassine**, die im flachen Uferbereich nach Kleintieren stochert. Sie wird auch *Himmelsziege* genannt, da beim Sturzflug der Männchen zur Erde ein dumpfes meckerndes Summen zu vernehmen ist.

Für die **Fischereiwirtschaft** im Baltischen Meer besonders wichtig sind **Dorsch**, **Scholle**, **Flunder**, der **Ostseehering** und die **Ostseesprotte**, die auch zur Familie der Heringe gehört.

★ Wolliner Nationalpark

Der Park, polnisch ***Woliński Park Narodowy***, umfasst den landschaftlich abwechslungsreichsten und faszinierendsten Teil der Insel Wollin. Er nimmt rund 20 Prozent der Inselfläche ein und erstreckt sich vorwiegend im westlichen Teil der Insel. Die geschützte Zone wird durch eine **Moränenhochebene** geprägt. Sie gestaltet die Uferzone am Stettiner Haff und bildet an der Küste ein bis zu 95 m hohes **Kliff**, das durch das Meer immer weiter ins Landesinnere gedrängt wird. Bestandteil des Parks ist auch die imposante Landschaft des **Swinedeltas** mit dem kurvigen Verlauf der Alten Swine durch endlose Schilfareale und eine beeindruckende Inselwelt. Im östlichen Teil des Nationalparks liegt eine kleine Seenplatte mit mehreren nacheiszeitlichen Seen.

Nahezu der gesamte Park ist von **Küstenbuchen**, von **Eichen** und **Föhren** bewachsen. Die Flora reicht

Wolliner Nationalpark

Entstehungsjahr: 1960, 1996 erweitert

Fläche: 109 qkm, davon 46 qkm Wald und 47 qkm Wasser, der Rest sind unbewaldete Ökosysteme

Waldbestand: 68 % Kiefern, 23 % Buchen, 7 % Eichen

Länge der Wanderrouten: 44 km

Besucherzahl jährlich: ca. 560.000

von Dünengewächsen wie **Strand-disteln** bis zu seltenen Waldpflan-zen wie etwa dem **Geißblatt**. Auf den Waldböden wachsen mehrere Orchideenarten, wie zum Beispiel die **Helmblume** und das **Knabenkraut**. Sie gedeihen vor allem im Unterholz des Buchenwaldes.

Im Park leben etwa 230 Vogelar-ten, rund 140 brüten hier. Darunter sind **Grün- und Schwarzspechte**, der **Fliegenschnäpper** und die **Rin-geltaube**. Aber auch einige Paare des stark bedrohten **Seeadlers**. Er ist das Wappentier des Nationalparks (sowie des polnischen Staates). Der imposante Vogel erreicht eine Höhe von 90 cm und eine Spannweite von 2,40 m. Im Flug ist er am keilförmigen weißen Schwanz und an den brettar-tig breiten, gefingerten Schwingen zu erkennen. Er gehört aber nicht zu den eigentlichen Adlern, sondern steht den Milanen näher. Wie die-se nimmt auch der Seeadler Aas an und schmarotzt bei anderen Greifvö-geln. Sein Lebensraum liegt stets am Wasser, seien es Meeresküsten, Seen oder Flüsse. Er horstet gern auf alten bis zu 30 m hohen Bäumen am Wald-rand. Erst im 5. Lebensjahr ist der Seeadler geschlechtsreif. Das Weib-chen legt im Februar/März 1-3 matt kalkweiße Eier, die beide Elternvö-gel in etwa 40 Tagen ausbrüten. Die Jungen sind nach 80-90 Tagen flüg-ge. Bei der Jagd vom erhöhten Ansitz aus oder im Suchflug ist der schein-bar schwerfällige Vogel äußerst ge-schickt und vielseitig. Fische greift er im Fluge und sogar im Tauchen. Alt-vögel überwintern meist in der Nähe

Der Seeadler: das polnische Wappentier

des Brutplatzes, Jungvögel streifen dagegen weit umher.

Das **Museum zum Nationalpark** informiert umfassend über die Tier- und Pflanzenwelt. Es befindet sich in Misdroy (▶ Seite 149). Drei **markierte Wanderwege** führen von dort aus in den Nationalpark. Diese führen zu ei-ner weiteren seltenen Tierart – den **Wisenten** (▶ Seite 183, Entdecker-tour 6) – zu den Seen, am Strand ent-lang der Kliffküs-te und auf deren Hö-henzug sowie ans Stettiner Haff.

Landschaftspark Buchheide

Im Süden Stettins liegt am Rande des Stadtteils *Zdroje* ein Moränengebiet mit der *Puszcza Bukowa*, der leicht hü-geligen **Buchheide**. Sie ist ein Ausläu-fer des Hinterpommerschen Landrü-ckens und seit eh und je ein beliebtes Naherholungsgebiet der Stettiner. Der dichte Buchenwald steht unter Naturschutz und wurde 1981 in den mehr als 9.000 Hektar großen **Stettiner Landschaftspark** umgewandelt, *Szczeciński Park Krajobrazowy*. Er ist ein Überbleibsel des einstigen Madanzig-Urwaldes, einer riesigen Sumpfwildnis zwischen der Oder, dem Dammschen See (*Jez. Dąbie*) und dem Madüsee (*Jez. Miedwie*). Stark hügelig ist die Landschaft hier und mit strammen alten Buchen, vor allem Rotbuchen, bestanden. Die höchste Erhebung im Park ist der 148 Meter hohe Berg *Bukowiec*. Teiche, Tümpel, Seen, Moore, Findlinge prägen das von vielen Tälchen zerschnittene Waldgebiet.

Mehr als 200 Kilometer sind als Wanderwege ausgeschildert. Es wurden hier einige hundert Schmetterlingsarten gezählt. Im 18. Jahrhundert jagte man hier noch Wölfe. Am nördlichen Zipfel des Stettiner Landschaftsparks liegt der malerische **Smaragdsee** (*Jez. Szmaragdowe*).

Vogelschutzgebiet Kaseburger Werder (*Karsiborska Kępa*)

Das 180 Hektar große Schutzgebiet liegt im nördlichen Teil der **Insel Karsibór** (▶ Seite 176, Entdeckertour 4) und ist von der Hauptstraße über einen Lehmweg zu Fuß zugänglich. Das Reservat besteht seit 1993. Rund 140 Vogelarten sind hier heimisch, darunter auch sehr seltene. Auf den feuchten, mit Niederschilf bewachsenen Wiesen brüten überwiegend **Regenpfeifer** wie **Uferschnepfen**, **Kiebitze** und **Rotschenkel**.

Vom Beobachtungsturm und einigen geschützten Plätzen nahe der Alten Swine, die sich hier um die Insel schlängelt, kann der Besucher aber auch **Seeadler**, **Rotmilane**, **Kampfläufer**, den **Wachtelkönig** oder die **Wiesenweihe** beobachten. Oder den sich auf seinen dünnen Beinchen blitzschnell bewegenden **Alpenstrandläufer**. Auf keinen Fall sollten Sie ein Fernglas vergessen! Ein wahrer Schatz des Reservats ist ein weltweit vom Aussterben bedrohter Winzling – der **Seggenrohrsänger**. Ein putziger Singvogel, der nur noch in Polen, in der Ukraine und in Weißrussland größere Populationen besitzt. Der seltenste europäische Singvogel liebt als Standort Niedermoore mit Seggenbeständen. Er überwintert in Westafrika.

Auf dem feuchten Boden dominiert eine einzigartige **Salzwiesenflora**. Hier wachsen das **Strand-Milchkraut**, der **Strand-Dreizack**, das als Gemüse gekocht werden kann, und der **Krähenfuß-Wegerich**. Diese bis zu 25 Zentimeter hohe Salzpflanze kommt sonst nirgendwo in Polen vor. Aber durch die teils sehr starken Winde aus nördlichen Richtungen strömt Wasser aus der Ostsee durch die Swine ins Stettiner Haff. Dadurch werden die Inseln im Swinedelta mit Salzwasser überflutet. Wegen der dann rückwärts gerichteten Strömung des Wassers wird das Swinedelta auch als „**Rückstrom-Delta**" bezeichnet.

Das Schutzgebiet auf Kaseburg gehört zu diesen **Überflutungsgebieten des Swinedeltas**. Sie bilden

Der Alpenstrandläufer kann blitzschnell sein, trotz seiner dünnen Beinchen

ein einmaliges Archipel von Inseln aus Moor, Seesand und Torf, durchzogen von Kanälen und Flussarmen. Dieser etwa 3.000 Hektar große Teil des Stettiner Haffs ist Bestandteil des Wolliner Nationalparks und ein wichtiges Überwinterungsgebiet für zahlreiche rastende Vögel. Zur Zeit des Vogelzuges, im Frühling und im Herbst, kann man hier Scharen tausender Wasservögel beobachten, die entlang der Oder und der Ostseeküste ziehen.

Naturreservat Farnland Kaseburg

Das *Reserwat Karsiborskie Paprocie* liegt nahe der großen Fähre über die Swine nach *Karsibór* (schöner Fahrradweg vom Swinemünder Centrum aus!). Durch das Waldgebiet *Świdny Las* führt ein **Naturlehrpfad** bis zum Inselkopf an der Kaiserfahrt, dem *Kanał Piastowski*. Dort hat man einen wunderbaren Ausblick über das Stettiner Haff. Die großen Sandberge, auf die man hier überall trifft, stammen noch aus der Bauzeit der Kaiserfahrt, als man zwischen 1875 und 1880 den Kanal ausbaggerte.

Im 36 Hektar großen Schutzgebiet gedeiht der zum Teil über zwei Meter hohe und streng geschützte **Königsfarn** besonders üppig. Aufgrund seiner Sporen tragenden Blätter, die Blumen ähneln, ranken sich um diese vom Aussterben bedrohte Pflanze Märchen und eine alte, slawische Legende. Danach soll der Farn einmal pro Jahr eine Blüte hervorbringen, und zwar stets in der Johannisnacht vom 23. auf den 24. Juni. Wer da diese geheimnisvolle Farnblüte entdeckt, wird Glück und Wohlstand ernten, heißt es. Na denn!

Pommersche Geschichte

Schlachtenlärm, Zerstörung und Vertreibung prägen die Jahrhunderte der pommerschen Geschichte. Völker kamen und gingen – meist dazu gezwungen. Es wurde beständig gekämpft, belagert, geteilt und verheert. Das Kinderlied aus dem Dreißigjährigen Krieg konnte bis in unsere Zeit gesungen werden: *Maikäfer flieg! Der Vater ist im Krieg, die Mutter lebt im Pommerland; Pommerland ist abgebrannt. Maikäfer flieg!*

Ab 10000 v. Chr.
Die eiszeitlich modellierte Landschaft füllt sich in der Altsteinzeit allmählich wieder mit Leben. Zunächst gedeihen Pflanzen, Wälder wachsen heran, Tiere werden heimisch. Schließlich kommen auch Menschen in diese Gegend. Sie sind Nomaden, passen sich den jeweiligen Gegebenheiten ihrer Umgebung an und leben vom Sammeln und Jagen.

Ab 4500 v. Chr.
Aus den massenhaft vorhandenen Findlingen, die die Eismassen nach Pommern geschleift haben, werden die ersten Steinwerkzeuge und Waffen gefertigt, später auch Herd- und Mahlsteine. Die Menschen werden sesshaft. Eine agrarische Kultur mit Ackerbau und Viehzucht entsteht. Rinder und Pferde werden domestiziert und dienen fortan als Hilfe bei der Landarbeit. Haustiere wie Schweine, Ziegen und Schafe sind nun unentbehrlich zur Nahrung sowie zur Herstellung von Fellen und Wolle.

Um 100 v. Chr.
Die nordgermanischen Stämme der *Burgunder, Heruler, Rugier* und *Goten* stoßen aus Skandinavien und Bornholm in das Land zwischen der Oder und der Weichsel vor.

Ab 375
Große Teile der ansässigen germanischen Stämme wandern nach Süden ab. Im Verlauf der nächsten Jahrhunderte rücken nun Slawen aus dem Osten in die fast menschenleeren Gebiete nach. Zu Beginn des 9. Jahrhunderts leben an der Ostsee nun die *Wenden*, ein Sammelbegriff für alle zwischen der Weichselmündung bei Danzig und der Insel Rügen siedelnden Stämme der Westslawen. Diese Gruppen werden bald als *Pomorani* bezeichnet, die *po morje*, also direkt am Meer wohnen. Daraus entsteht später der Name „Pommern".

Um 900
An der Oder entsteht eine große Burg. Sie ist von einer Wehranlage und einem Festungsgraben umgeben. Es existiert bereits ein wendisches Fischerdorf, möglicherweise namens *Stitin*.

Um 950
Die Dänen unter *Harald Blauzahn* beherrschen das pommersche Küsten-

Sichtbare Geschichte: Pavillon auf der Hakenterrasse

Die Ostsee – ein Teenager unter den Meeren

Das 413.000 qkm große und bis zu 459 m tiefe Binnenmeer wird auch Baltisches Meer genannt, polnisch *Morze Bałtyckie*. Erdgeschichtlich gesehen ist die Ostsee ein sehr junges Meer. Noch vor 12.000 Jahren waren Teile Nordeuropas von riesigen Gletschermassen bedeckt, die sich infolge der Erwärmung des Erdklimas in dieser Epoche allmählich nach Skandinavien zurückzogen. Die Baltische Senke füllte sich daraufhin zwischen dem Eisrand im Norden und den zurück gelassenen Geröllschuttmassen im Süden mit Wasser und ein riesiger Süßwasserstausee entstand, der *Baltische Eisstausee*. Wegen der ständigen Zufuhr von frischem Schmelzwasser stieg sein Wasserspiegel über das Weltmeeresniveau, so dass vor etwa 10.000 Jahren das gestaute Wasser erstmals zur Nordsee durchbrach: Das *Yoldiameer* war geboren. Salzwasser flutete in den Eissee und schwemmte arktische Muscheln an. Darunter die Muschel *Yoldia arctica*, die dem neuen Meer den Namen gab.

Dieses Meer war der Vorläufer der Ostsee. Vor 4000 Jahren bremste die andauernde Landhebung Dänemarks die stetige Überflutung mit Salzwasser, der Wasseraustausch der Nord- und Ostsee nahm ab. Daher ist bis heute der Salzgehalt des Baltischen Meeres mit 2,5 % sehr gering. Nach Osten hin nimmt er noch weiter ab. Wo die Landbewegungen tiefer gelegene Becken hinterließen, sinkt das schwerere Salzwasser nach unten und das Süßwasser, das aus den vielen Mündungsflüssen nachströmt, bildet die obere Schicht. Dieser Mix aus Salz- und Süßwasser macht die Ostsee zum größten Brackwasser-Meer der Erde.

land. Sie treiben einerseits Handel mit den Küstenbewohnern, zerstören aber auch bedeutende Marktplätze. Auf der Insel Wollin sollen sie die riesige und legendäre Handelsstadt „Vineta" (auch „Jomsborg" genannt) gegründet haben.

1121

Gegen Ende des 11. Jahrhunderts schließen sich die bis dahin in lockeren Verbänden lebenden slawischen Pomeranen enger zusammen. Grund ist die Bedrohung aus dem Norden durch die Dänen, aus dem Südosten durch die Polen und aus dem Süden durch die Brandenburger. *Wartisław I.* vereinigt die slawischen Stämme und wird zum ersten Pommernherzog. Ihr gemeinsames Wappen zeigt das Fabelwesen Greif. *Wartisław* ist somit der Stammvater der pommerschen **Greifenherzöge**. Er nimmt den christlichen Glauben an und ist der polnischen Krone zur Treue verpflichtet. Die Herrschaft der Greifendynastie hält mehr als 500 Jahre. Das autonome **Herzogtum Pommern** ist ein Pufferstaat zwischen Polen, Brandenburg und dem Kreuzritterorden.

1124/1128
Der Bamberger Bischof *Otto* unternimmt zwei Missionsreisen, um die pommerschen Heiden zu christianisieren. Er ist dabei sehr erfolgreich. Der fromme Mann lässt die Heidentempel zerstören, den Rumpf des dreiköpfigen Triglaw-Heiligtums soll er eigenhändig zertrümmert haben. Die slawische Gottheit Triglaw symbolisiert die Macht über Erde, Himmel und Unterwelt.

Ab 1153
Zahlreiche Klostergründungen.

1181
Pommern wird durch Kaiser *Friedrich I.* „Barbarossa" in das römisch-deutsche Reich eingegliedert.

1295
Die Dynastie der Herzöge von Pommerellen stirbt aus. Es kommt zu Erbstreitigkeiten zwischen Brandenburg, Polen und Pommern-Wolgast. Pommern wird in der Folgezeit mehrmals aufgeteilt. Pommerellen – das Land südwestlich von Danzig mit Zugang zur Ostsee – bleibt auch in den kommenden Jahrhunderten Zankapfel der unterschiedlichen nationalen Interessen. Für die Deutschen bedeutet es eine wichtige Landbrücke zwischen Reich, Danzig und Ost-

„Die Lage des Königreichs Pohlen im Jahr 1773" (Johann Esaias Nilson)

preußen, für die Polen wird es später ein lebensnotwendiger „Korridor" zum Baltischen Meer.

1338
Brandenburg beansprucht auf dem Reichstag zu Frankfurt/Main die Lehnsherrschaft über Pommern und erhält vom deutschen Kaiser das Recht der Erbfolge.

1348-1351
Die Pest wütet in Pommern und rafft ein Drittel der Bevölkerung dahin.

1478
Einigung Pommerns unter Herzog Bogislaw X.

1534
Der Landtag von Treptow beschließt die Einführung der lutherischen Lehre. *Johann Bugenhagen* (1485-1558) wird zum Reformator Pommerns. Doch mit der Reformation breitet sich in Pommern auch die Leibeigenschaft aus.

1618-1648
Die Kämpfe während des Dreißigjährigen Krieges verwüsten Pommern. Als 1637 das Greifengeschlecht mit *Herzog Bogislaw XIV.* ausstirbt, kommt es zu Erbstreitigkeiten zwischen Brandenburg und Schweden. Der Westfälische Friede 1648 beschließt die Aufteilung Pommerns: An Schweden fällt Vorpommern mit Rügen, Usedom, Wollin und die Odermündung mit Stettin. Brandenburg bekommt Hinterpommern.

1700-1720
Pommern und Pommerellen werden zum Kriegsschauplatz des Nordischen Krieges, in dem Polen, Russland und in der Endphase auch Brandenburg-Preußen gegen die Vorherrschaft Schwedens im Ostseeraum kämpfen. Im Frieden von Stockholm erhält das junge Königtum Preußen nun die östlichen Teile Vorpommerns und Stettin. Die Stadt am Oderhaff wird zum preußischen Seehafen ausgebaut. Im Verlauf des 18. Jahrhunderts erfolgt die systematische Trockenlegung von Sümpfen und Brüchen, 159 Dörfer werden angelegt, Tausende neue Siedler kommen ins Land.

1806
Napoleon siegt in Jena und Auerstedt über Preußen und besetzt Pommern.

1815
Im Wiener Kongress fällt ganz Pommern an Preußen.

1919
Nach dem Ersten Weltkrieg beschließen die westlichen Alliierten im Versailler Vertrag die geographische Trennung Ostpreußens vom Reichsgebiet. Mit dem „polnischen Korridor" zur Ostsee ist der nächste Konflikt vorprogrammiert. Hinterpommern ist nun Grenzland.

1930-1933
Die große Mehrheit der Pommern wählt stramm nationalsozialistisch und erhofft sich neben Arbeit viel-

Standbild des Reiters Bartolomeo Colleoni am Plac Lotników

leicht auch die Lösung ihres „Grenz-problems".

1939-1945

Der Zweite Weltkrieg zieht zunächst an Hinterpommern vorbei. Es wird zum Zufluchtsort für viele Menschen. Doch der „totale Krieg" erreicht 1943 auch das Pommerland. Auf einmal ist der Feind da, aus dem „Endsieg" wird die totale Niederlage. Von den rund 1,8 Millionen deutschen Hinterpom-mern, die zu Kriegsbeginn im Land östlich der Oder wohnten, bleibt 1945 noch knapp eine Million zurück. Bereits 1950 sind es nur noch 50.000. Stattdessen rücken Polen aus den vormals polnischen Ostprovinzen, die jetzt zur UdSSR gehören, in die verlassenen deutschen Städte nach.

Seit 1990

Mit der Vereinigung Deutschlands wird Pommern westlich der Oder zum neuen Bundesland Mecklen-burg-Vorpommern. Das ehema-lige Hinterpommern ist heute weit-gehend identisch mit der 1999 neu geschaffenen Wojwodschaft *Za-chodnio-Pomorskie* (Westpommern), Hauptstadt ist Stettin, *Szczecin*.

2004

Polen wird Mitglied der Europä-ischen Union. Drei Jahre später fallen auch die bis dahin noch bestehen-den Grenzkontrollen weg.

2014

Die Philharmonie wird fertiggestellt und präsentiert sich mit hochmo-derner Fassade.

Kultur & Lebensart

Polen heute

Die Menschen kamen nach 1945 aus verschiedenen polnischen Regionen nach Stettin und an die pommersche Küste – in ein Land, das kurz zuvor noch gänzlich von Deutschen bewohnt war. Die meisten kamen nicht freiwillig. Viele von ihnen hatten ihre Heimat im Osten Polens verlassen müssen. Auch sie verloren – wie die deutschen Pommern – durch die sowjetische Annexion ein reiches Kulturland mit vielen alten Traditionen. In Sachen Religion und Sprache gibt es in ganz Polen keine regionalen Unterschiede: Man ist katholisch und spricht überall (bis auf ein paar Ausnahmen) Hochpolnisch.

Über die Jahrhunderte fast unverändert geblieben ist die inbrünstige **Religiosität und Frömmigkeit** der meisten Polen. In wohl keinem anderen christlich geprägten Land werden so viele neue Kirchen gebaut. Und wer am Sonntagmorgen im Lande unterwegs ist, bemerkt sofort, dass es trotzdem immer noch an Gotteshäusern mangelt. Kaum eine Kirche, die zur Sonntagsmesse nicht von Gläubigen überquillt, so dass zahlreiche draußen vor der Tür den Gottesdienst verfolgen müssen.

Auch klassische Geschlechterrollen sind in Polen noch häufig althergebracht. Einen **Feminismus** westeuropäischer Prägung lehnen die allermeisten Polinnen ab. Ihr Feminismus heißt stattdessen **strikt feminin** zu sein. Sie machen sich gern schick und schön. Nicht zuletzt, um Komplimente zu erhaschen. Das Spielchen funktioniert bestens. Jeder hält sich an seine Rolle. Etikette muss sein. Dazu gehört auch, dass man Frauen zuvorkommend aus dem Mantel hilft und ihnen an der Tür stets den Vortritt lässt. Öfter sieht man, dass Männer – ältere wie jüngere – sich tief zum Handkuss vor der Frau verbeugen. *Całuję rączki* (Ich küsse die Händchen) wird galant dazu gemurmelt.

Sprache & Verständigung

Die polnische Sprache gehört zusammen mit Tschechisch, Slowakisch, Ober- und Niedersorbisch zur Gruppe der westslawischen Sprachen. Unter dem Einfluss von Buchdruck, Renaissance und Reformation machte sich die polnische Hochsprache im 16. Jahrhundert von altertümlichen Formen frei. Die großen Literaten des 19. Jahrhunderts wie *Adam Mickiewicz* und *Henryk Sienkiewicz* prägten ausgerechnet in der Zeit, als Polen 123 Jahre lang von der europäischen Landkarte getilgt war, das moderne Hochpolnisch. In dieser Zeit war die Sprache der wichtigste Bestandteil der nationalen Identität und ein entscheidendes Mittel im Kampf um die staatliche Wiedergeburt.

Papst-Denkmal für Johannes Paul II. in Stettin

Sicherheit

Vorurteile halten sich bekanntlich hartnäckig. Auch die Zerfallsdauer dummer Witze ist enorm. So mag man es vielleicht kaum glauben: Polen zählt zu den europäischen Ländern mit der niedrigsten Kriminalitätsrate! Wie üblich gilt natürlich auch in Polen besondere Vorsicht vor Taschendieben auf Bahnhöfen, Flugplätzen, in Zügen und überall, wo Gedränge herrscht. Keinesfalls sollte man Wertgegenstände im Auto zurücklassen. Am besten stets die in allen touristischen Ortschaften vorhandenen bewachten Parkplätze, *parkingi strzeżone*, benutzen!

Aufgrund der römisch-katholischen Kirchentradition des Landes verwendet die polnische Sprache das lateinische Alphabet. Es wird allerdings durch zahlreiche Sonderzeichen (so genannte diakritische Zeichen) ergänzt. Polnisch besitzt wie das Deutsche drei Genera (grammatische Geschlechter), aber sieben Kasus (Fälle). Artikel gibt es nicht. Ganz wichtig bei der Anrede ist die Höflichkeitsform. Sie wird mit den entsprechenden Formen von *Pan* („Herr"), *Pani* („Frau") und *Państwo* („Damen und Herren") sowie dem Verb in der dritten Person Singular beziehungsweise Plural gebildet. Sehr gebräuchlich ist auch die Zwischenstufe zwischen der Du- und der Sie-Form. Man verwendet dabei die Höflichkeitsform zusammen mit dem Vornamen.

Polnisch gilt als die komplizierteste slawische Sprache. Für die deutschsprachige Zunge ist die polnische Aussprache ein Graus und geradezu Schwerstarbeit. Man mag kaum glauben, dass einem irgendwann das Kunststück gelingen könnte, grandiose Zungenbrecher wie *w stizebrzeszynie chrząsz brzmi w tczcinie* verständlich über die Lippen zu bringen. Dazu kommt es bei den stark von Konsonanten und vielen Zischlauten geprägten Wörtern auf eine exakte Aussprache an, um sogleich verstanden zu werden. Auffallend ist der enorme Redeschwall der Polen, der in einem atemberaubenden Tempo vorgetragen wird. Die Stimmen erreichen dabei – je nach Stimmungslage – für unsere Ohren ungewohnte Tiefen, aber vor allem sensationelle Höhen. Der deutsche Sprachforscher *J.C.F. Schulz* hat dieses Phänomen in seinem Buch *„Reise nach Warschau"* (1796) vortrefflich beschrieben: *„Der Pole durchläuft, wenn er im gemeinen Leben spricht, alle Noten der Tonleiter und nimmt häufig die Fistel zu Hilfe. Erzählt er etwas Lächerliches oder ist er in einer nicht zu starken Bewegung der Freude, des Zorns, des Schmerzes, so hört man nichts als helle Töne. Ist er verliebt, sagt er seiner Geliebten schö-*

ne Sachen, so weiß er diesen hellen Tönen eine unbeschreibliche Weichheit mitzuteilen, aber sie werden sogleich pfeifend, kreischend und schneidend, sobald irgendein heftiges Gefühl aus ihm spricht".

Die meisten Polen in den touristischen Zentren haben sich längst auf radebrechende Ausländer eingestellt, so dass nach einem verständnisvollen Lächeln in der Regel die gewünschte Information als gestenreiche Antwort folgt – mittlerweile nicht selten mit deutschen Vokabeln gespickt. Außerdem haben in den letzten Jahren viele junge Polen neben Englisch auch Deutsch gelernt. In den größeren Hotels gibt es keine Verständigungsprobleme, hier spricht man an der Rezeption fast durchweg Deutsch. Auch die meisten Speisekarten der Restaurants in den polnischen Städten sind heute dreisprachig. Anders ist das natürlich in den pommerschen Dörfern. Ein Wörterbuch und gediegene Kenntnisse der polnischen Aussprache sind hier sehr hilfreich. Die internationale Zeichensprache stopft dabei normalerweise die letzten Verständigungslücken. Ein bisschen **Polnisch für unterwegs** (▶ Seite 191).

Kulinarisches

Das **polnische Nationalgetränk**, das „Eau de Pologne", ist und bleibt der **wódka**. Auf Deutsch heißt das ganz harmlos *Wässerchen*. Ihn trinkt man in der Familie am Wochenende durchaus schon mal zur Vorspeise, um den Magen anzuregen und später, um

sich in Laune zu halten. *Trink den Wodka nie allein*, heißt es im polnischen Sprichwort, *sonst wirst du auch allein zu Grabe getragen.* Man scheint sich (weitgehend) daran zu halten. In den Bars und Gaststätten sieht man stets mindestens zwei Männer vor einer Flasche Wodka sitzen.

Auf kulinarischem Gebiet haben sich aber in den letzten 60 Jahren in Westpommern auch einige **lokale Spezialitäten** entwickelt.

Polmos Szczecin ist die einzige Firma, die den **Roggenwodka Starka** produziert. Das goldgelbe Wässerchen reift unter Zugabe von Apfel- und Lindenblättern in Eichenfässern und gilt als der edelste aller Wodkasorten. Die Reifung dauert 15 bis 20 Jahre. Es gibt verschiedene Sorten. Die Stettiner Brennerei besitzt über hundert Jahre alte und sehr tiefe

Bunt bemalt: Stettiner Wasserpumpe

Zu den typisch polnischen Gerichten zählen:

Bigos: Das polnische Nationalgericht, eine Art Krautgulascheintopf mit Sauerkraut, Weißkohl, Schweinefleisch, Wurststückchen, Speck, getrockneten Pilzen und Pflaumen, Speck, Kümmel, Zwiebeln. *Jaki Bigos!* (Welch ein Bigos!) sagt man denn auch in Polen, wenn man vor einem heillosen Durcheinander steht.

Golonka: Eisbein

Szaszłyk: Schaschlik

Kaczka z jabłkami: Ente mit Äpfeln

Kurczak: Huhn

Barszcz: Rote-Rüben-Suppe (Borschtsch)

Flaki: Kutteln in Fleischbrühe

Pierogi: Teigtaschen gefüllt mit Fleisch, Sauerkraut, Pilzen, Weißkäse oder Obst

Gołąbki: Kohlrouladen

Zrazy: Rinderrouladen

Kotlet schabowy: paniertes Schweinekotlett

Karkówka: Nackensteak

Śledź: Hering in saurer Sahne

Chłodnik litewski: litauische Kaltschale, Rote-Rüben-Suppe mit saurer Sahne

Żurek: Sauermehlsuppe mit Wurst- und Eieinlage, oft im Brotlaib gereicht

Ogórkowa: Gurkensuppe mit Dill

Rosół: Rinds-Boullion mit Nudeleinlage

Kapuśniak: Sauerkrautsuppe mit Kartoffeln

Naleśniki: Pfannkuchen mit süßer Füllung

Ein Klassiker der polnischen Küche: das Nationalgericht Bigos

Keller. Sie können besichtigt werden (▶ Seite 97). Das Stettiner **Bosman-Bier** wird bis heute an der Stelle produziert, wo sich zwischen 1848 und 1945 die deutsche Brauerei Bohrisch befand. Aus dieser Zeit sind noch einige Gebäude sowie die Kupferkessel erhalten. Bosman-Bier gibt es in den Sorten *Full* (Bosman rot) und *Spezial* (Bosman grün).

Der Stettiner **Pfefferkuchen** (*Peperkoken*) hat eine lange Tradition. Heute wird er wieder nach alten Rezepten hergestellt. Die Formen müssen maritimen Charakter besitzen: Schiff, Anker, Möwe, Fisch. Angeboten wird der Pfefferkuchen bei den Stettiner Festen und auf Märkten. Der berühmteste Stettiner Imbiss sind frittierte Hefeteigröllchen mit Fleisch- oder vegetarischer Füllung. Diese **Pastetenröllchen** werden *Paszteciki* genannt. Sie müssen innen locker, außen knusprig sein. Die schmackhaften Röllchen werden in Stettin seit 1969 hergestellt, kurz darauf wurden sie zur Stettiner Spezialität. Man stand damals Schlange an den wenigen Verkaufsständen. Die ältesten *Paszteciki*-Lokale liegen in der *al. Wojska Polskiego*. Besonders originell ist das Lokal mit der Hausnummer 46, denn hier hat sich seit der Eröffnung 1969 nichts verändert.

Die polnische Küche: Deftig & bodenständig

Als eines Tages „*in Suleyken ein Mensch namens Amadeus Loch*" sich aufgrund „*eines Mangels an einem Kilochen Nägel*" entschloss, diese im Nachbardorfe *Oletzko* zu kaufen, bat er seine Frau, ihm Reiseproviant mitzugeben. Die gute Frau stellte ihrem Gatten für die Tagesreise folgendes Menü zusammen: „*Speck, Fladen, Salzgurken, ein Topf Kohl, getrocknete Birnen, ein Korb Eier, gebratene Fische, Zwiebeln, ein Rundbrot und ein geschmortes Kaninchen*". Sollten Sie bei Ihrem Polenaufenthalt das Glück haben, von einer polnischen Familie zum Essen eingeladen zu werden, werden Sie schnell merken, dass das üppige Mahl der Frau Loch in Siegfried Lenz' herrlichen Erzählungen *So zärtlich war Suleyken* höchstens eine geringfügige Übertreibung ist. Das Tischlein-deck-dich verschiedenster Köstlichkeiten, oft sehr kalorienreich, nimmt erst ein Ende, wenn der letzte Krümel verspeist ist. Gastfreundschaft wird in ganz Polen groß geschrieben. *Ein Gast zu Haus, Gott zu Haus,* heißt es im Volksmund. Widerspruch gegen das Verwöhnprogramm wird nicht zugelassen, er könnte leicht als persönlicher Affront gedeutet werden.

Große regionale Unterschiede und Besonderheiten in der polnischen Kochkunst gibt es kaum noch, seit sich die Bevölkerungsgruppen aus den verschiedenen Landesteilen durch die großen Umsiedelungen nach dem Zweiten Weltkrieg „vermischt" haben. Ein Einheitsbrei in den polnischen Kochtöpfen war dennoch keineswegs das Resultat. Die polnische Küche ist abwechslungsreich: Neben Verschmelzungen mit der litauischen, der ukrainischen, der jüdischen und der alten österreichisch-ungarischen Küche, gibt es sogar (ebenfalls) historisch bedingte Einflüsse aus der *cucina italiana*. Denn die polnische Königin *Bona Sforza*, Gemahlin von *Zygmunt Stary*, war eine Italienerin. Als sie Anfang des 16. Jahrhunderts nach Polen kam, fehlte ihr nicht nur die italienische Sonne, ihre Sehnsucht galt auch einigen leckeren Gemüsesorten aus ihrer Heimat. Um die stolze *Bona* zu befriedigen, ließ ihr Gatte fortan Tomaten, Zwiebeln und Blumenkohl in seinem Reich anbauen. So heißt die italienische *pomodoro* polnisch *pomidor*, die *cipolla* heißt polnisch *cebula* und das polnische *kalafior* kommt vom italienischen *cavolfiore*.

Das gewiss berühmteste **Nationalgericht Polens** ist **Bigos**, was übersetzt „zweimal Geschmack" bedeutet. Wahrscheinlich bezieht sich das auf die zwei den Eintopf dominierenden Kohlsorten – Sauerkraut und Weißkohl. Schmeckt mehrmals aufgewärmt besonders gut. Die Polen lieben den Festschmaus, langes und genussvolles Speisen. Cholesterinüberladenes *Slow Food*. Von grünem Salat hält man eher wenig, der ist für Hasen und Kaninchen, sagt man. Dagegen bekommt der Gast das ganze Jahr über in den Restaurants als Beilage den legendären Rohkostteller *Surówka* serviert – verschiedene Krautsorten, eingelegte Karotten, Sellerie und Rote Bete. Eingefleischte Vegetarier haben es in unserem östlichen Nachbarland noch immer nicht ganz einfach. Allerding bieten mittlerweile die allermeisten Restaurants in den größeren Ortschaften auch vegetarische Gerichte an, *kuchnia vegetariańska*.

Den Rhythmus im Blut – Tanzen ist bei Jung und Alt gleichermaßen beliebt

Die Polen sind **leidenschaftliche Kaffee- und Teetrinker**. Beim Kaffee auf polnische Art wird das Pulver aufgebrüht, der Kaffeesatz bleibt also in der Tasse oder im Glas. Diese *kawa po turecku* (auf Türkisch) wird in der Regel schwarz getrunken. Im Restaurant oder in der *kawiarnia* (Café) bestellt man zumeist die Milch extra. Mit Milch heißt *z mlekiem*, mit Sahne *ze śmietaną*. Tee, *herbata*, wird traditionsgemäß aus Gläsern getrunken. Meistens mit viel Zucker, ohne Milch, selten mit Zitrone.

Zum Essen trinken die Männer gerne *piwo* (Bier). **Wodka**, das polnische Nationalgetränk, ist **obligatorisch** bei familiären Zusammenkünften. Bevorzugt aus dem reichhaltigen Angebot werden der *Wyborowa*, der *Roggenwodka Zytnia* und *Zubrówka* mit dem Wisentgras in der Flasche, das im Urwald von Białystok wächst. In diesem Sinne: *Na zdrowie*!

Musik

Polen haben den Jazz im Blut, sagt man. Polnische Jazzgrößen wie Tomasz Stańko, Krzysztof Komeda, Michał Urbaniak, Władysław Pawlik und Urszula Dudziak sind weit über die Grenzen Polens hinaus berühmt. Der polnische Jazz gilt als besonders tief empfundener, fast spiritueller Jazz. In den Kompositionen finden sich daher auch Anleihen bei sakraler Musik, aber auch bei Folklore, Zigeunermusik und Klezmer. Überall in Polen, auf Festivals ebenso wie in vielen Musikcafés und Tanzclubs trifft man auf die enorme Beliebtheit und Vitalität des Polski-Jazz. Natürlich auch in Stettin und an der Küste.

Und dazu wird getanzt! Tanzen ist fast ein nationaler Volkssport. Beliebt bei Jung und Alt. Getanzt wird überall, wo Musik erklingt. Also oft auch dort, wo man gerade isst. Im Sommer werden dann gerne die Terrassen der Restaurants, Pubs und Strandbars (nicht selten spontan) zu Dancefloors. Besonders bei den Frauen schauen die rhythmischen Bewegungen doch recht grazil aus, bei den Männern scheinen hin und wieder die Beine eher erst nach dem zweiten „Wässerchen" ganz von alleine zu tanzen.

Architektur in Westpommern

Gotik, Renaissance & Barock

Aus mittelalterlicher Zeit ist nicht viel erhalten geblieben. In einigen westpommerschen Landstrichen lugen noch spätgotische Kirchtürme aus den Dörfern und Ortschaften, backsteinrote Überbleibsel aus dem 14. und 15. Jahrhundert, als das Pommerland schon längst christianisiert war. In Stettin sind vor allem drei spätgotische Kirchen erhalten: St. Jakobi, die Johanniskirche und St. Peter und Paul. Das Stettiner Schloss ist ein Meisterwerk der Renaissance (16. Jh.), im Stil der Frührenaissance hat man das schmucke Bürgerhaus einer steinreichen Bankiers-Familie gestaltet, das Loitzenhaus. Aus barocker Zeit (frühes 18. Jh.) stammen das Königstor und das Berliner Tor.

Historismus & Jugendstil

Der vorherrschende Architekurstil der **Gründerzeit** war der Historismus: Unter den reichen Dekorationen der Fassaden werden historische Muster mit Bezug zur Renaissance, zum Manierismus und Barock nachgeahmt. Die neuen, sehr breit angelegten Straßen und Alleen wurden binnen kurzer Zeit mit meist viergeschossigen Wohnhäusern bebaut. Wie in Berlin wurden Vorderhäuser, Seitenflügel und Quergebäude hoch gezogen. So entstanden auch hier wie in der Reichshauptstadt enge, dunkle Hinterhöfe. Viele Straßenzüge um den zentralen *Plac Grunwaldzki* herum besitzen fast lückenlos bis heute gründerzeitliche Gebäude im Stil des Historismus. Diese Mietshäuser wurden in einer Art Massenproduktion schnell hochgezogen, die Räumlichkeiten waren in der Regel ohne jeglichen Komfort. Musterkataloge mit Stukaturen bedienten die neuen Hausbesitzer für die zeitgemäße Gestaltung der Hausfassaden. Neben diesen Mietskasernen entstanden in der Gründerzeit auch Gebäude, die das neue bürgerliche Selbstbewusstsein des neureichen Bürgertums und die Repräsentationsansprüche des Staates zur Schau stellten. In Stettin beeindruckt beispielsweise die heutige Post- und Telekommunikationszentrale in der *ul. Niepodległości* im Stil der Neugotik, in der gleichen Straße das Gebäude der PKO-Bank im Stil des Neobarock, das Regierungsgebäude der Westpommerschen Wojwodschaft auf der Hakenterrasse im Neorenais-

Prächtige Bäderarchitektur im Kurviertel von Swinemünde

Ganz neu: Moderne Appartementhäuser an der Swinemünder Promenade

sancestil, das Rote Rathaus Stettins wiederum im Stil der Neugotik.

Gegen diesen bis zur Jahrhundertwende vorherrschenden Historismus wandte sich ab 1895 eine neue Stilrichtung, die auch in Stettin Fuß fasste – der Jugendstil. Das schönste in der Stadt erhaltene Gebäude dieses Stils ist das Meeresmuseum auf der Hakenterrasse. Großflächige Darstellungen von Blumen- und Pflanzenmustern sowie elegant geschwungene Linien sollen den Fassaden und Räumen Rhythmus und Leben geben.

Bäderarchitektur & Plattenbau

An der Küste, vor allem im Seebad Swinemünde auf Usedom als auch im Seebad Misdroy auf Wollin, dominiert in ihren alten Kurvierteln des 19. Jahrhunderts weitgehend die sogenannte Bäderarchitektur. Wie der Historismus ist auch sie ein Stilgemisch. Charakteristisch sind Kombinationen von klassischen Formen mit Jugendstilornamenten. Es dominieren Loggien, Ecktürmchen und Erker aus Holz, meist filigran gearbeitet und verziert. Im krassen Gegensatz dazu stehen die architektonisch einfallslosen Gebäudekomplexe aus der realsozialistischen Nachkriegszeit, die an den Peripherien der Bäder, aber auch in Stettin in die Höhe gebaut wurden, um schnell und billig notwendigen Wohnraum zu schaffen.

Ankommen & Wissenswertes

Mit der Bahn

Stettin: Die Regionalbahn fährt mehrmals täglich von Berlin Gesundbrunnen zum Hauptbahnhof Stettin (*Szczecin Główny*). Die Fahrt dauert ca. 1 Stunde 45 Minuten. Bei weiteren Verbindungen muss man in Angermünde in die Regionalbahn umsteigen, dann dauert die Reise gut zwei Stunden.

Die einfache Fahrt (VBB-Tarif) zwischen Berlin und Stettin kostet inklusive der Nutzung des Stadtverkehrs in Stettin nur zehn Euro (Stand Juni 2015). Die Tickets gibt es in Berlin an den Automaten der DB und der S-Bahn sowie in allen DB- und S-Bahn-Verkaufsstellen oder in Stettin am Hauptbahnhof.

www.vbb-online.de

Achtung: Auf der DB-Webseite gibt es dieses Angebot nicht, dort zahlt man den dreifachen Preis für die einfache Fahrt!

Bei einer Tagesfahrt fahren 2-5 Personen mit dem Brandenburg-Berlin-Ticket der DB noch günstiger. *www.bahn.de*

Swinemünde: Den Bahnhof Swinemünde-Zentrum erreicht man mit der **Usedomer Bäderbahn**, die ab dem Umsteigebahnhof **Züssow** fährt. In Züssow halten IC und RE-Züge. Fahrzeit Berlin Gesundbrunnen – Swinemünde ca. 4 Stunden.

Alternativ kann man auch über Stettin zum Swinemünder Hauptbahnhof, der auf der Insel Wollin liegt, fahren. Fahrzeit ab Berlin Gesundbrunnen mindestens 4 Stunden 16 Minuten.

Insel Wollin: Misdroy liegt an der Strecke Stettin – Swinemünde. Fahrzeit ab Berlin Gesundbrunnen mindestens 4 Stunden.

Mit dem Fernbus

Stettin: Von Berlin aus gibt es ganzjährig mehrmals wöchentlich Busverbindungen nach Stettin: Berlin Linien Bus, Abfahrt in Berlin vom ZOB am Funkturm oder vom Ostbahnhof, Fahrzeit 2,5 Stunden.

Von Mai bis Oktober fahren Busse auch regelmäßig von Berlin nach Usedom, nicht aber bis Swinemünde. Eine einfache Fahrkarte kostet ab 11 Euro.

www.berlinlinienbus.de

Mit dem Auto

Nach Stettin/Swinemünde: Aus Richtung Süden (Berlin) fährt man über die A11 (Berlin Richtung Prenzlau) bis Grenzübergang *Pomellen/Kołbaskowo* nach Stettin. Fahrzeit von Berlin knapp 2 Stunden. Die Schnellstraße E65 führt an der Ausfahrt Stettin weiter nach Swinemünde Ost (Wolliner Seite). Dort muss man mit der Fähre über die Swine ins Stadtzentrum auf der Insel Usedom übersetzen. Fahrzeit von Berlin gut 3 bis 3,5 Stunden. Aus Richtung Westen kommt man am günstigsten über die A1 und die Ostsee-Autobahn A20 nach Stettin.

Nach Usedom/Swinemünde: Alternativroute an die Küste: A11/A20 bis Pasewalk-Süd, dann B109 bis Anklam und B110 zur Insel Usedom und Swinemünde. Man überquert dabei die Zecheriner Brücke. Zu folgenden Zeiten ist diese Klappbrücke über den Peenestrom für 20 Minuten für den Straßenverkehr gesperrt: 5.45 (bei Bedarf), 9.40, 11.45, 16.45 und 20.45 Uhr (bei Bedarf).

Nach Usedom/Swinemünde fährt man von Hamburg/Rostock auf der A20 bis Abfahrt Gützkow, dort weiter auf der B111 bis Wolgast und über die Peener Brücke. Die Peener Brücke ist zu folgenden Zeiten für rund 20 Minuten für den Straßenverkehr gesperrt: 5.45, 8.45, 12.45, 16.45 und 20.45 Uhr.

Achtung: Staugefahr im Hochsommer bei der Zufahrt nach Usedom!

Mit dem Flugzeug

Nach Stettin: Der internationale **Flughafen Szczecin-Goleniów** liegt rund 35 Kilometer nordöstlich von Stettin. Direktverbindungen mit Deutschland gibt es zurzeit nicht. Alle Verbindungen aus Deutschland nach Szczecin-Goleniów laufen über Warschau.

Ein Pendelbus fährt vom Flughafen ins Zentrum Stettins (Reservierung beim Kauf des Flugtickets).

Nach Usedom/Swinemünde: Der kleine **Flughafen Heringsdorf** auf der Insel Usedom (10 km von Heringsdorf entfernt, bei Zirchow am Stettiner Haff) wird von Mai bis Oktober von Dortmund, Düsseldorf, Köln, Stuttgart, München, Wien, Bern und Zürich angeflogen.
www.flughafen-heringsdorf.de

Der Stettiner Hauptbahnhof

Allgemeine Informationen

Einreise

Seit die Republik Polen Ende 2007 dem Schengener Abkommen beigetreten ist, entfallen die Personenkontrollen an Oder und Neiße. Jetzt kann jeder Deutsche und jeder Pole die Grenze an beliebiger Stelle legal überqueren, auch schwimmend oder im Paddelboot. Allerdings können die Bundespolizisten verdächtige Personen bei konkreten Anhaltspunkten noch im deutschen Hinterland bis zu 30 Kilometern von der Grenze entfernt kontrollieren! Beschränkt ist weiterhin die Ausfuhr von Zigaretten (1 Stange/Person) Alkohol (max. 10 l Spirituosen, 20 l Likörwein, 60 l Schaumwein, 90 l Wein und 110 l Bier) und Benzin (voller Tank plus 20 l im Reservekanister). Die Grüne Versicherungskarte sollte weiterhin – auch wenn nun keine Pflicht mehr besteht – mitgeführt werden. Infos: *www.zoll-d.de*.

Währung

Das Zahlungsmittel in Polen ist der *Złoty*, abgekürzt *zł*, amtlich auch PLN. Ein Złoty entspricht 100 Groszy. Im Umlauf befinden sich Münzen mit dem Nennwert: 1, 2 und 5 Złoty sowie 1, 2, 5, 10, 20 und 50 Groszy. Banknoten sind zu 10, 20, 50, 100 und 200 Złoty im Umlauf.
Bargeld kann in den Banken, den Wechselstuben *(kantor)* und an vielen Hotelkassen (hohe Provision!) gewechselt werden. Beim Umtausch in den Wechselstuben gilt die Faustregel: An den Touristenpfaden schlechter Kurs, abseits oft weit besserer Kurs! Der Złoty ist eine konvertierbare Währung. Mit dem Beitritt Polens in die Eurozone ist in den nächsten Jahren nicht zu rechnen.

Wechselkurs Euro/Złoty (Stand April 2015)
1 Euro = ca. 4 Złoty
1 Złoty = ca. 25 Cent
10 Złoty = ca. 2,50 Euro

Kreditkarten

In den meisten Hotels und in vielen Restaurants, großen Geschäften, Reisebüros, Tankstellen und Flugvertretungen werden Kreditkarten akzeptiert. Die gängigsten sind Euro Card, VISA, American Express, Diners Club, Master sowie JCB. Es gibt auch Geldautomaten *(bankomat)* flächendeckend (blaue Automaten). Wegen der dabei anfallenden Gebühren ist der Bargeldumtausch in den Wechselstuben meist günstiger! Bei Verlust oder Diebstahl Ihrer Kreditkarte: Der zentrale Sperr-Notruf ist +49 (Vorwahl Deutschland) 116 116 (24 Stunden).

Autofahren

Die polnische Fahrkultur ist tatsächlich gewöhnungsbedürftig. Man fährt offensiver als in Deutschland und überholt sehr gerne. Auf den zweispurigen Schnellstraßen ist es gang und gäbe, dass das zu überholende Fahrzeug nach rechts auf den

Seitenstreifen fährt, um den Überholungsvorgang auch bei Gegenverkehr zu ermöglichen. Man muss da stets auf der Hut sein. Vor allem dabei auf Fahrradfahrer und Fußgänger auf den Seitenstreifen achten! Die Stoppschilder an unbeschrankten Bahnübergängen sollten unbedingt beachtet werden, es kommen tatsächlich hin und wieder Züge! Die Bahngleise sollte man stets nur in Schrittgeschwindigkeit überqueren, hier gibt es fast immer erhebliche Unebenheiten und Schlaglöcher. **Wichtig:** Die Promillegrenze für Autofahrer liegt in Polen bei nur 0,2 Promille, Verstöße werden mit hohen Geldstrafen geahndet.

Achtung: Seit 2007 muss das ganze Jahr über auch am Tage mit Abblendlicht gefahren werden!

Tanken

In Polen gibt es ein flächendeckendes Tankstellennetz. Neben den großen internationalen sind auch kleinere Tankstellenbetreiber auf dem Markt, bei denen in der Regel der Liter ein paar Groschen günstiger zu haben ist. An allen Tankstellen, *stacja benzynowa,* können Sie bleifreies Benzin tanken. Die entsprechenden Zapfsäulen sind mit einem durchgestrichenen Pb gekennzeichnet, Diesel mit ON *(Olej Napędowy).* Man bekommt folgende Treibstoffe: 98E (Europlus: bleifrei, Oktanzahl 98), 95E (Eurosuper, bleifrei, Oktanzahl 95), ON: Diesel.

Die meisten Tankstellen haben im Sommer von 6-22 Uhr geöffnet, Sonntags 7-17 Uhr. An den großen Schnell- und Fernstraßen in der Regel rund um die Uhr. Obwohl der Benzinpreis auch in Polen in den letzten Jahren stark angestiegen ist, tankt man immer noch billiger als in Deutschland.

Kurtaxe

Die Touristensteuer beträgt in Swinemünde vier Złoty pro Person und Tag, in Misdroy 2,40 Złoty. Kinder bis sieben Jahre frei. In den kleinen Seebädern auch weniger. Die Kurtaxe erhebt der jeweilige Gastgeber gegen Quittung mit Stempel der Stadtverwaltung. Mit den Geldern werden die Pflege des Strandes und wichtige touristische Investitionen finanziert, zum Beispiel der Bau neuer Fahrradwege.

Trinkgeld

Das Trinkgeld (polnisch *napiwek*) wird in Polen ebenso wie in Deutschland gegeben. In den Restaurants also um die 8-10 %. Entweder zusammen mit dem Rechnungsgeld, indem man entsprechend aufrundet oder auch separat. In ersterem Falle sagt man *dziękuję! (dschjen kuje)* – also danke! – damit der Kellner weiß, dass nichts mehr zurückzugeben ist. „Die Rechnung bitte" heißt auf polnisch *Rachunek porszę (Ra hu nek pro sche).*

Medientipps

Presse

Świnoujście – kostenlose Touristen-zeitung auf Deutsch und Polnisch (Aktuelle Touristeninformationen zu Swinemünde; Auflagen für Frühjahr, Sommer, Herbst)

Internet

Stadtportale mit vielen nützlichen Touristen-Infos: **www.szczecin.eu** und **www.nachstettin.com**. Offizielle Seite des Stettiner Flugha-fens: **www.airport.com.pl** Stadtplan: **www.szczecin.pl/prze-wodnik/map.html** Altes Stettin: **www.historia.szczecin.pl** und **www.sedina.pl**

Stettin in alten Ansichtskarten: **www.czejarek.pl/stettin** Wetter: **www.tvp.info/informacje/pogoda**

Buchtipps

Theodor Fontane **Meine Kinderjahre** (Aufbau Taschenbuch 1997) Autobiographischer Roman über die Jahre in Swinemünde. Buntbewegtes Kleinstadtbild.

Hellmut Hannes **Auf den Spuren Theodor Fontanes in Swinemünde** (Thomas Helms Verlag 2009) Geschichte und Geschichten zu Swinemünde zur Zeit Fontanes. Alte Stiche, Zeichnungen.

Panoramablick auf das Zentrum von Swinemünde mit Schloss und St. Jakobikirche

Erwin Rosenthal
Swinemünde/ Świnoujście
Die Entwicklung eines Badeortes
(Rhino Verlag 2009)
Deutsch und Polnisch, viele interessante historische Fotos.

Alfred Döblin
Die Vertreibung der Gespenster
(Rütten & Loening Berlin 1968)
Autobiographische Schriften des in Stettin geborenen Dichters von „Berlin Alexanderplatz".

Artur Daniel Liskowacki
Sonate für S.
(Knaus Verlag 2001)
Der polnische Autor erzählt die Geschichte der Stadt Stettin in den dramatischen Augenblicken nach

Kriegsende 1945. Die Odermetropole ist nicht länger deutsch, aber auch nicht wirklich polnisch. Poesie ohne historische Vorurteile.

Diethard H. Klein
Stettin – Ein Lesebuch
(Husum Verlag 1990)
Die Stadt Stettin einst und jetzt in Sagen und Geschichten, Erinnerungen und Berichten, Briefen und Gedichten.

Jan M. Piskorski (Hrsg.)
Pommern im Wandel der Zeiten
(Copyright Pommernschloss Stettin, 1999)
Sehr ausführliche Darstellung der Geschichte Pommerns.

Klima & Reisezeit

Stettin besitzt ein kontinental gemäßigtes Klima. Der wärmste Monat mit einer Durchschnittstemperatur von 22,8° C ist der Juli. In diesem Sommermonat fällt auch am meisten Niederschlag. Der sonnenreichste Monat ist der Juni, der weitaus kälteste der Januar. Auf den Inseln Usedom und Wollin herrscht zu größeren Teilen ein Übergangsklima. An der Küste überwiegen aber atlantische Einflüsse und bringen mildes, oft niederschlagsreiches Wetter. In diesem Klimabereich sind vor allem die Sommer sehr unbeständig. Oft ändert sich die Wetterlage mehrmals an einem Tag. Strahlendem Sonnenschein am Morgen folgt plötzlich am Mittag ein heftiger Gewitterregen mit stürmischen Winden, während am späten Nachmittag ebenso plötzlich wieder die Sonne lacht. Für Badelustige oft ein stetes Hin und Her zwischen Strand und Strandbar.

Der Frühling an der Küste ist in der Regel eine verhältnismäßig kurze Übergangszeit zwischen Winter und Sommer. Hier macht sich der Einfluss der Ostsee stark bemerkbar, da sich das Wasser zwischen Skandinavien und Mitteleuropa nur sehr langsam erwärmt. Die Wärme tritt dann häufig ganz unvermittelt ein, sie wird jedoch oft noch von Nachtfrösten unterbrochen. Das im Sommer aufgewärmte Meer verlängert andererseits den hier sprichwörtlich goldenen Herbst. Die ersten großen Stürme peitschen normalerweise im November die Ostseewellen auf.

Richtig kalt wird es meist erst um die Weihnachtszeit oder im Januar. Der regenreichste Monat ist (ausgerechnet) der Juli. Dauerregen im Sommer sind jedoch ganz selten. Zwischen März und Mai fällt am wenigsten Niederschlag.

Die beste Reisezeit für Aufenthalt und Besichtigung Stettins sind die Monate von April bis Oktober. Von Juni bis September lässt sich die Reise mit einem Badeaufenthalt an der Küste verbinden. Die meist sehr kalten Wintermonate sind für die Stadtbesichtigung am wenigsten geeignet. Die touristische Hauptsaison an der Küste ist der Hochsommer, die Ferienmonate Juli und August. Die Ostseeküste ist aber längst ein Ganzjahresreiseziel. Jede Jahreszeit hat ihre besonderen Vorteile und Reize. Für Naturfreunde dürften die Monate Mai, Juni und September die schönsten sein. Der September darf auch noch als Bademonat angesehen werden, da sich die Ostsee nur langsam abkühlt.

Übernachten

Zimmerpreise D (PL)

Unser Preissystem für empfehlenswerte Hotels und Pensionen:

€ = bis 60 Euro (bis ca. 240 zł)
€€ = von 60 bis 100 Euro
(von ca. 240 bis 400 zł)
€€€ = über 100 Euro (über 400 zł)

(Preis für ein Doppelzimmer in der Hauptsaison mit Frühstück)

Warum in die Ferne schweifen – die schöne Ostsee ist so nah!

Hotels, Pensionen und Ferienwohnungen sind in Polen seit 1990 wie Pilze aus dem Boden geschossen, vor allem natürlich in den touristischen Zentren an der Ostsee und in den großen Städten. Im Landesinneren Westpommerns sieht das noch anders aus. Aber auch hier findet man mittlerweile in jeder größeren Ortschaft komfortable Übernachtungsmöglichkeiten. Die Hotels sind nach dem internationalen Sternesystem klassifiziert. Drei-Sterne-Hotels entsprechen dem mittleren westlichen Standard mit Dusche/Bad, Telefon, Fernseher, Minibar, Restaurant, Nachtbar und bewachtem Parkplatz. Doppelzimmer kosten ab 40-50 Euro mit Frühstück in der Hauptsaison. Ausgesprochen günstig wohnt man hier in der Nebensaison, vor allem

in den Wintermonaten. Doch obwohl in den letzten Jahren zahlreiche neue Hotels eröffnet haben, kann es in den Sommermonaten Juli und August an der Küste zu Engpässen kommen. Frühzeitiges Reservieren ist also unbedingt angesagt! Pensionen, *pensjonaty*, und Ferienwohnungen findet man in allen touristischen Ortschaften. Die Preise hierfür sind ebenso unterschiedlich wie die Aufmachung und der Komfort. Ist man vor Ort auf Zimmersuche, muss man Ausschau halten nach Schildern mit der Aufschrift *„Wolne Pokoje"*, Zimmer frei.

In Stettin reicht das überaus vielfältige Übernachtungsangebot von sehr einfach bis zur Luxusklasse. In der Oderstadt und in Swinemünde gibt es auch Jugendherbergen. Je-

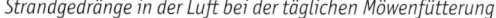

Strandgedränge in der Luft bei der täglichen Möwenfütterung

Im Sommer ist viel los am Ostseestrand

des Seebad besitzt einen Campingplatz, meist in Strandnähe. Die Touristenbüros, in denen mittlerweile fast durchweg gut Deutsch gesprochen wird, können oft weiterhelfen.

Die schönsten Strände

Swinemünde (Świnoujście): Eindeutig das „Flaggschiff" unter den polnischen Ostseestränden. Seine Ausdehnung und seine Breite sind beeindruckend. Sehr sauber. Kleine Umkleidekabinen. Der helle Sand ist wunderbar feinkörnig. **Strandkörbe**: Sie sind nicht nur bequem, sie schützen auch vor der Sonne und vor den Sandverwehungen. Ansonsten ist ein Windschutz sehr sinnvoll, einfache und günstige Versionen davon kann man an den Kiosken kaufen. Sie hei

ßen auf Polnisch *parawan*. Im Sommer gibt es mehrere Strandbars – an den Sommerabenden beliebte Treffpunkte für die After-Beach-Stunden und für die zahlreichen romantischen Sonnenuntergangsfans.

Hundestrände gibt es an der deutsch-polnischen Grenze auf der Ahlbecker Seite und seit 2011 in Swinemünde am östlichen Ende des Strandes neben der Mündungsmole.

Misdroy (Międzyzdroje): Nirgendwo sonst an der polnischen Ostseeküste ist das Wasser im Sommer wärmer, badefreundliche 20-22° C sind keine Seltenheit! Das liegt an der geschützten Lage des Ortes an der Pommerschen Bucht. Die rauen Ostwinde werden von der gewaltigen Endmoräne abgehalten, das Klima ist hier deshalb milder als im östlichen Teil der polnischen Küste. Recht breiter Sandstrand an der Stadtfront. An der Steilküste naturbelassen, hier wird der Strand immer schmaler sowie oft (nach Stürmen) auch steiniger.

Strand zwischen Swinemünde und Misdroy: Fast 15 Kilometer einsames Naturparadies. Schöne Sandstrände, dahinter großes Waldgebiet, keine Siedlungen.

Seebad Heidebrink (Międzywodzie): Langer, weißer Sandstrand, große Wasserrutsche für Kinder. Im Hochsommer oft sehr voll. Dahinter Kiefernwald.

Diewenow (Dzienów): Schön, sauber, breit. Über Holztreppen an der vorgelagerten Stranddüne zu erreichen. Saum von Strandkiefern. Volleyballnetze. Wie an allen Stränden der Seebäder: Präsenz von Rettungsschwimmern der polnischen Wasserwacht.

ACHTUNG FKK-ANHÄNGER!

Die Freikörperkultur ist in Polen weiterhin weitgehend verpönt. Vor allem an Stränden, die zentral liegen. Das sollte man unbedingt respektieren. Es gibt an der westpommerschen Küste aber trotzdem ein paar Ausnahmen. Zum Beispiel westlich von Misdroy ist bei **Lubiewo** ein FKK-Strand. Diese Nacktbadestrände sind mit *Plaża naturystyczna* ausgeschildert.

Die Wasserqualität wird sowohl für Swinemünde auf Usedom als auch für die Küste in Wollin als gut bis sehr gut bewertet. In heißen Sommern kann es allerdings hin und wieder zu Algenbildungen im Uferbereich kommen.

Strandwanderungen

Jede Jahreszeit eignet sich zum Strandwandern, jede hat ihren besonderen Reiz. Barfuß im Sommer auf warmem Sand oder knöcheltief im Wasser, warm eingemummelt im Winter, wenn die Strände vereist, die Dünen verschneit sind und Eisschollen wie kleine Eisberge auf den Wellen wippen. Beschaulich bis melancholisch ist die Strandwanderung im Herbst, wenn Nebel tief auf dem Wasser liegt, Dünen und Steilküsten nur schemenhaft in der Ferne auszumachen sind. Das Kreischen der Möwen wirkt da schaurig schön. Vor allem in dieser Zeit werden Sie größere Gruppen von Menschen bemerken, die tief gebückt am Ufer entlang spazieren. Sie gehen im Schneckentempo und stochern mit kleinen Stöcken behutsam in den Haufen von Tang und Muscheln, die die Wellen nach heftigen Herbststürmen angespült haben. Andere waten mit bis über die Knie reichenden Gummistiefeln durch das aufgewühlte Wasser und tauchen ihre Kescher in die Fluten. Sie alle suchen nach dem goldgelben bis dunkelbraunen Stein, der einst als „Gold der Ostsee" magische Anziehungskraft besaß. Dicke Klumpen werden Sie da wohl nicht finden, aber die kleinen Stückchen sind auch ganz hübsch.

Kinder

Die Strände in Swinemünde und den benachbarten deutschen Kaiserbädern sowie nahezu alle Strände auf der Insel Wollin fallen ausgesprochen flach ins Meer ab. Sie sind daher absolut kinderfreundlich. Weite Sandbänke formieren sich meist 50-80 m vom Ufer entfernt sowie ganz nah am Ufer. Dadurch werden die Wellen gebrochen und in Ufernähe entstehen oft pfützenähnliche Wasserflächen. Die Kleinen können hier gefahrlos im Sand buddeln, Burgen bauen, Muscheln oder zusammen mit den Eltern auch mal nach Bernsteinstückchen suchen.

An den Stränden von Swinemünde und Misdroy gibt es mehrere Spiel- und Sportmöglichkeiten, zum Beispiel Hüpfburgen und Rutschen. Weitere Angebote für Kinder warten an den langen Strandpromenaden, etwa Gokarts. In beiden Seebädern kann man mit dem Bimmelbahn-Express gemütlich durch die Stadt rattern, in Swinemünde das sommerliche Treiben auch von der Pferdekutsche aus beobachten. Beliebte Kletterparks gibt es in Swinemünde und am Stettiner Glambecksee.

Am Swinemünder Strand: Flache, kinderfreundliche Ufer

Unterwegs zwischen Stettin, Swinemünde & Wollin

Mit Bahn & Bus

Es gibt regelmäßige **Bahnverbindungen** zwischen Stettin und Wollin (Stadt) sowie den Ostseebädern Swinemünde und Misdroy. Es fahren allerdings keine Schnell-, sondern nur Personenzüge, die bis zur Küste mehr als zwei Stunden unterwegs sind. Der gesamte weitere Küstenbereich der Wojwodschaft Westpommern zwischen Misdroy und dem Seebad Kolberg ist nicht an das Bahnnetz angeschlossen. Zu empfehlen sind dagegen die **Busverbindungen** zwischen Stettin, Swinemünde, Misdroy und den Ortschaften Wollin und Cammin. Linienbusse und die grünen Emilbusse pendeln täglich stündlich von frühmorgens bis spät am Abend zwischen diesen größeren Orten. Die kleineren Ortschaften an Westpommerns Küste werden auch regelmäßig von Bussen angefahren.

Mit dem Auto

Ein gut ausgebautes Straßennetz führt von Stettin zu allen Orten an der westpommerschen Küste und auch speziell zu den kleineren Ortschaften auf der Insel Wollin. Bedauerlich ist jedoch öfter die schlechte Qualität vor allem der Landstraßen und der Wojwodschaftsstraßen. Hervorragend ausgebaut ist dagegen die **Schnellstraße 3/E65**, die Stettin mit Swinemünde und Misdroy verbindet. Landschaftlich weitaus reizvoller ist die Strecke von Stettin über die Landstraße 115 durch die **Ueckermünder Heide (Puszcza Wkrzańska)** zur Stadt Uecker-

Ein Schiff wird kommen: Fähre aus Skandinavien fährt in Swinemünde ein

Blick vom Leuchtturm auf Fort Gerhard und die Swinemündung

münde am südlichen Ufer des Stettiner Haffs. Man passiert dabei die deutsch-polnische Grenze beim Dorf *Dobieszczyn*. Von Ueckermünde fährt man weiter auf die nahe B109, die über Anklam zur Insel Usedom und nach Swinemünde führt.

Mit dem Schiff von Swinemünde nach Stettin

Neben den Verbindungen der Ausflugsdampfer zu den deutschen Kaiserbädern und nach Misdroy auf Wollin (▶ Seite 139) gibt es auch eine schnelle Verbindung vom Stadthafen Swinemünde nach Stettin. Der Bosman Express erreicht in rund 75 Minuten über die Kaiserfahrt und das Stettiner Haff die Odermetropole. Liegeplatz ist direkt vor der Hakenterrasse. Abgelegt wird täglich von Mitte Mai bis Mitte September. Auf-

enthalt in Stettin rund drei Stunden. Eine organisierte Stadtführung ist möglich. *www.adler-schiffe.de*

Mit dem Schiff über das Haff

Noch ein kleiner Geheimtipp ist die Dampferfahrt von **Ueckermünde nach Kamminke** ans nörliche Ufer des Stettiner Haffs, Fahrzeit 80 Minuten. Eine Fahrradmitnahme ist möglich. In Kamminke hat man Anschluss an den öffentlichen Personennahverkehr. Die Busse fahren zu den Ostseebädern Heringsdorf, Bansin und Ahlbeck mit Verbindung nach Swinemünde ab deutsch-polnischer Grenze. In der Saison legen auch Schiffe von Ueckermünde und Kamminke zu Fahrten über das Haff und **nach Stettin** ab. Zum Tagesprogramm gehört eine Stadtrundfahrt mit dem Bus durch Stettin. *www.reederei-peters.de*

Orte &
Landschaften

Stettin – Grüne Stadt am Wasser

Highlights in Stettin

★ **Residenzschloss der Pommernherzöge:** Renaissancetempel über der Stadt

★ **Hakenterrasse:** Die „gute Stube" am Oderufer

★ **St. Jakobikirche:** Gotik im Stadtzentrum

★ **Park Kasprowicza:** Grüne Oase der Ruhe

Breite Boulevards, sternförmige Plätze, ein geschäftiger Seehafen, ein Stückchen Altstadt und mittendrin ein Hügel mit einem Renaissanceschloss: Stettin hat viele Gesichter.

Stettin (*Szczecin*, gesprochen: *schtet schin*) die siebtgrößte Stadt Polens und die Hauptstadt der Wojwodschaft Westpommern, besitzt zusammen mit Swinemünde einen der größten Hafenkomplexe an der Ostsee. Zugleich ist Stettin ein wichtiges

Tage des Meeres: Partystimmung am Stettiner Oderufer

Handels- und Wirtschaftszentrum – allerdings mit Werftpleite und hoher Arbeitslosigkeit. Jedoch mit einem großen Zukunftsoptimismus um das visionäre, grenzüberschreitende Mammutprojekt „Szczecin 2050 – floating garden", in dem sich die Stadt ihrer herrlichen, wasserreichen Umgebung touristisch und ökologisch zuwenden will.

Vor allem ist die Odermetropole aber auch eine sehr lebhafte Stadt, eine **Universitätsstadt** mit zahlreichen Hochschulen. Sie ist zusammen mit Danzig sicherlich die kulturell quirligste Stadt in ganz Nordpolen. Ähnlich wie in Berlin boomt auch hier an der Oder eine alternative Kunst- und Theaterszene sowie das Nachtleben in den zahlreichen Musikclubs.

Für Besucher zunächst etwas verwirrend: Ein Stadtzentrum gibt es in Stettin im eigentlichen Sinne nicht. Es gibt die **Altstadt**, die aber nur zum kleinen Teil aus historischen Gebäuden besteht. Dafür wurde ein Stückchen weiter ein **neues Altstadtviertel** hochgezogen – mit herrlichen Fassaden am nun wieder entstandenen **Heumarkt** gleich neben dem **Alten Rathaus**, mit vielen Restaurants, Pubs und Bars. Unweit davon befindet sich die piekfeine **Haken-**

STECKBRIEF Stettin

Gründung: Stadtrechte seit 1243
Verwaltung: Hauptstadt der polnischen Woiwodschaft Westpommern
Einwohner: 410.000
Fläche: 301,3 qkm
Telefon-Vorwahl aus Deutschland: (0048) 91, **nach Deutschland:** 0049
PLZ: 70-018 bis 71-871
Wirtschaft: Seehafen Stettin-Swinemünde, Stettiner Werft
Flughafen: Stettin-Gollnow (Go-leniów), 35 km nordöstlich der Stadt
Hochschulen: Universität Stettin, Technische Universität Westpommerns, Hochschule für Seefahrt, Medizinische Universität Pommern
Arbeitslosenquote: 10,5 % (Stand 2014)
Kfz-Zeichen: ZS
Hoheitszeichen: Stadtwappen zeigt den Kopf des Fabelwesens Greif mit goldener Krone

terrasse und das **Herzogsschloss**. Die ehemalige Residenz der pommerschen Herzöge ist heute ein wahrer Tempel der Kultur mit Museum, Galerien, Theater, Kino, der berühmten Schlossoper und Restaurants.

Sehr rege geht´s stets unweit der Altstadt zu, in der **Neustadt** zwischen den Plätzen **Rodła** und **Brama Portowa**. Hier verläuft kerzengerade die lange **Aleja Niepodległości**, die **Hauptgeschäftsstraße Stettins**. Hier liegen Kaufhäuser und viele Läden sowie die großen Einkaufscenter, in denen man ebenfalls zahlreich auf deutsche Touristen trifft. Hier stehen auch die zum Teil monströsen Prachtbauten der Gründerzeit wie das neobarocke Gebäude der ehemaligen Pommerschen Landesbank und das nicht minder protzige Gebäude der ehemaligen Königlich-Preußischen Post. Aber auch steinerne und architektonisch sehr ansprechende Überbleibsel aus der frühen preußischen Ära: **Königstor** und **Berliner Tor**, beide Barock pur. Die äußere Neustadt, das Gebiet um den sternenförmig angelegten **Plac Grunwaldzki**, erinnert mit ihren stuckverzierten Miethäusern architektonisch an Berlin und an Paris. Hier dominieren Boulevards sowie, dazwischen eingebettet, hübsche Grünanlagen und weitläufige **Parks** – großartige Oasen der Ruhe inmitten der Großstadt.

Stettin ist eine **Stadt am Wasser**. Gut ein Viertel der Stadtfläche nehmen heute Fluss, Kanäle und Seen ein. Unterhalb der Hakenterrasse starten kleinere Freizeitdampfer zu Rundfahrten durch den Hafen, über das nahe Haff oder auch zur Tagestour nach Swinemünde.

Stadtgeschichte

Im Dokument *Dagome Iudex* von 966 wird die Siedlung *Shinesghe* erstmals erwähnt. Man nimmt an, dass es sich dabei um das spätere Stettin handelt. Schon 949 findet die Oder als *Odera* erstmals urkundliche Erwähnung. Als *Castrum Stettin* wird 1091 eine ausgedehnte Herzogsburg mit bedeutendem Handelsort an der Unteren Oder genannt. Im Jahre 1243 verleiht Pommernherzog *Barnim I.* dem Siedlungsort Stettin das deutsche Stadtrecht.

Fischreiche Gewässer sind wohl der Hauptgrund, der wendische, also slawische Fischer ab dem 7./8. Jahrhundert hier siedeln lässt. Der Platz an der Unteren Oder mit seinen zahl-reichen Nebenarmen hatte direkten Zugang zum Meer, geschützt durch natürliche Erdwälle und Sumpfniederungen. Hier bietet der Fluss mit seinen vielen Inseln schon vor dem Bau des ersten Hafens hervorragende natürliche Anlegeplätze. In späteren Jahrhunderten wird die Siedlung mit ihrer besonderen strategischen Lage über die Jahrhunderte hinweg zum hart umkämpften Hafen- und Handelsplatz. Die Gefahren drohen aus allen Himmelsrichtungen. Richtung Meer, *po morze*, drängt es ab dem frühen 12. Jahrhundert deutsche Einwanderer, die im Gefolge Bischofs **Otto von Bamberg** als Mönche, Bauern, Seeleute, Handwerker und Kaufleute ins Land strömen und sich neben den Einheimischen in der Unter- und Oberstadt um die Burg herum niederlassen.

Die Lange Brücke um 1900

Stettin wird (hanseatische) Hafenstadt

Sie sind die Vorboten der deutschen Ostkolonisation, die um 1200 einsetzt. Die deutschen Immigranten versprechen sich in dem dünn besiedelten Land bessere Lebensbedingungen als im „überfüllten" Reich. Die Neusiedler genießen besondere Freiheiten und eine rechtliche Sonderstellung: keine Abhängigkeiten ihres Grund und Bodens, Verfügungs- und Erbrecht über ihr Hab und Gut, ein eigenes Schultheißengericht. Das slawisch-germanische Mischgebiet besteht ohne größere Konflikte. Im Laufe der Zeit assimilieren sich die Völkergruppen. Es entstehen bis 1260 die **Unter- oder Altstadt** der Kauf- und Seeleute um den späteren Heumarkt und das Rathaus sowie die **Oberstadt** der reichen Grundbesitzer um den Rossmarkt und die St. Jakobikirche.

Im Jahre **1278** wird Stettin Mitglied des **Hansebundes**. Die Mitgliedschaft in der von Lübeck geleiteten Hanse bringt Stettin einigen Wohlstand. Der träge und bleiern vorüber fließende Strom ist auch in dieser prosperierenden Zeit die Lebensader der Stadt, die sich zum aufstrebenden See- und Binnenschifffahrtszentrum und zu einem zentralen Umschlagplatz für Fisch und Getreide entwickelt. Ab 1298 wird die von Oder, Parnitz, Dunzig und dem Grünen Graben umflossene so genannte **Lastadie** zum Ladeplatz, Speicher- und Schuppenviertel der lokalen Kaufleute. Die Lange Brücke verbindet die Lastadie mit der Stadt. Bedeutend ist der Heringshan-

Stettin – historischer Hafen um 1900

del. Schiffe bringen den begehrten Salzwasserfisch die Oder hinauf nach Frankfurt. Von dort erhält man Wein, Kupfer und Eisen, das lukrativ in ganz Pommern, aber auch nach Dänemark und Schweden weiter verkauft wird. Stettin bleibt bis zum Zweiten Weltkrieg eine „**Herings-Residenz**".

Die Dynastie der Herzöge von Pommerellen stirbt **1294** aus. Es kommt zu Erbstreitigkeiten zwischen Brandenburg, Polen und Pommern-Wolgast. Pommern wird in der Folgezeit mehrmals aufgeteilt.

Erst **Bogisław X.** (1474-1523) setzt die Einheit Pommerns durch. Während seiner Regierungszeit wird Stettin **1487** zur ständigen **Residenz der Pommernherzöge** aus dem Greifengeschlecht. Verwaltungsreformen und eine neue Finanzpolitik sorgen für einen wirtschaftlichen Aufschwung.

Nach dem Dreißigjährigen Krieg

Nach der Verwüstung Pommerns durch den Dreißigjährigen Krieg (1618-1648) kommt es zu Erbstreitigkeiten zwischen Brandenburg und Schweden, da das Greifengeschlecht mit Herzog *Bogislaw XIV.* ausgestorben ist. Der **Westfälische Friede 1648** beschließt die neue Aufteilung Pommerns: An Schweden fällt Vorpommern und die Odermündung mit Stettin, Brandenburg bekommt Hinterpommern.

Die Brandenburger lassen nicht locker. Im Jahre **1677** belagern sie Stettin, auch weil sie sich von der starken schwedischen Festung Stettin bedroht fühlen. Sieger gibt es keine, aber das Kanonenfeuer lässt von der mittelalterlichen Stadt wenig mehr als einen Trümmerhaufen übrig.

Zwischen **1700-1721** werden Pommern und Pommerellen zum Kriegsschauplatz des **Nordischen Krieges**, in dem Polen, Russland und Brandenburg-Preußen gegen die Vorherrschaft Schwedens kämpfen. Im **Frieden von Stockholm** erhält das junge Königtum Preußen **1720** Stettin, Usedom, Wollin und Vorpommern bis zur Peene. Stettin wird zur **Hauptstadt der preußischen Provinz Pommern** und damit zum Bollwerk gegen Polen und Schweden. Von 1724 bis 1740 wird Stettin mit Nutzung der vorhandenen schwedischen Militäranlagen als **preußische Festung** ausgebaut. Es entsteht ein steinerner Gürtel um die gesamte Stadt herum.

Die Stadt am Oderhaff entwickelt sich schnell zum bedeutenden preußischen Seehafen. Die Oderzölle werden **1752** aufgehoben. Damit ist der Weg von Stettin ins oberschlesische Kohlerevier frei.

Industrialisierung & Weltkriege

Im Jahre 1843 eröffnet König *Friedrich Wilhelm IV.* die erste pommersche Eisenbahnstrecke von Berlin nach Stettin. Der Stettiner Bahnhof wird an das Festungswerk angebaut. Am *Fort Preußen* erfolgt ab **1847** die Anlage der **Neustadt**. Damit begann für die Odermetropole die große

Stadterweiterung. Bis **1870** dehnte sich die Stadt im Süden, um den Hauptbahnhof herum, erheblich aus. Die **Schleifung der Festungsanlagen 1873** ermöglichte neue Erweiterungen nach Westen hin. Unter Führung des berühmten Pariser Architekten *Georges-Eugene Haussmann* entstanden nun moderne Wohngebiete mit weiträumigen Boulevards – das Pariser Viertel.

Gleichzeitig beginnt der „Soldatenkönig" *Friedrich Wilhelm I.* bereits im frühen 18. Jahrhundert mit dem systematischen **Ausbau der Swine**, der Stettin zum wichtigsten Hafen Preußens macht. Der Höhepunkt des Flussausbaus erfolgt **1880** mit dem Durchstich der zehn Kilometer langen **Kaiserfahrt**, 1898 wird der Freihafen eingeweiht. Über ein Netz von gut ausgebauten Kanälen und weiteren Flüssen ist Stettin am Ende des 19. Jahrhunderts auch mit der Nordsee und den schlesischen Bergbau- und Industriegebieten verbunden. Zu Beginn des 20. Jahrhunderts wird Stettin zum Ein- und Ausfuhrhafen für Berlin sowie zum größten deutschen Ostseehafen. Im Jahre 1914 findet die Eröffnung des Berlin-Stettiner-Großschifffahrtsweges statt. 1917 entsteht der Industriehafen, 1919 der Reiherwerderhafen für den Massengüterumschlag. Eingeführt werden vor allem Erze aus Schweden und Norwegen, Kohle aus England, Holz aus Finnland und Russland, Dünger aus Belgien. Exportiert werden Getreide, oberschlesische Kohle, Papier, Lebens- und Futtermittel, Zucker und chemische Produkte. Schiffe aus Stettin sind auf allen Weltmeeren unterwegs. Stettin zählt um

Der Westendsee im Park Kasprowicza

1900 bereits 188.000 Einwohner.

Durch die Eingemeindung von 38 Vororten im Jahre **1939** sowie von Altdamm und Pölitz wird **Groß-Stettin** flächenmäßig nach Berlin und Hamburg zur drittgrößten Stadt in Deutschland.

Während der Feierlichkeiten zum 700. Stadtjubiläum im April 1943 streuen 304 britische Flugzeuge insgesamt 782 Tonnen Bombenlast auf Stettin. Weitere Angriffe aus der Luft erfolgen im Januar und August 1944. Große Teile der Altstadt gehen unter, darunter auch das Pommernschloss und die Jakobikirche. In den Kriegsjahren zuvor wird vor allem das kriegswichtige **Hydrierwerk in Pölitz** (Vorort nördlich von Stettin, heute *Police*) angegriffen. Im März 1945 wird Stettin zur Festung erklärt und evakuiert. Am 26. April 1945 nimmt die 65. Sowjetarmee die Oderstadt ein. Sie finden eine fast ausgestorbene Stadt vor.

Nachkriegszeit und Wiederaufbau

Der größte Teil Vorpommerns gehört nach dem Krieg zur DDR. Stettin selbst wird aber auf sowjetischen Befehl und unter Verletzung des Potsdamer Abkommens zur polnischen Stadt *Szczecin*, obwohl die Stadt westlich der Oder-Neiße-Grenze liegt. Sehr wahrscheinlich gab es für Stalin zwei Gründe für die Abtretung Stettins an Polen: Einerseits ist zu diesem Zeitpunkt die künftige militärstrategische Rolle der noch zu gründenden DDR innerhalb des War-

schauer Paktes nicht völlig geklärt und andererseits spielt wohl auch die Überlegung eine Rolle, dass die riesigen Kohlevorkommen Schlesiens reibungsloser innerhalb eines Staates über die Oder an das Baltische Meer verfrachtet werden können. Jedenfalls führt das russische Dekret bis in die 80er Jahre zu ständigen Spannungen zwischen der Volksrepublik Polen und der DDR, die sich ihrerseits die Fahrrinne des Stettiner Hafens gerne als ihr Hoheitsgewässer anerkennen lassen will.

Im **Mai 1945** ist Stettin ein einziges Trümmerfeld, die Altstadt ist fast vollständig zerstört. Der Wiederaufbau beginnt später als in den anderen ehemals deutschen Städten, die nun polnisch geworden sind. Die Unsicherheit darüber, ob es endgültig bei einem polnischen **Szczecin** bleibt oder vielleicht doch ein (ost-) deutsches Stettin daraus wird, ist zu groß. Zwar schreiben die Neusiedler, die „Repatrianten" genannt werden, ein trotziges *Szczecin zawsze polski* (Stettin für immer polnisch) oder auch „Wir waren hier, wir sind hier, wir werden hier bleiben" an die Hauswände, doch der Kalte Krieg ist längst vorprogrammiert und die Nachkriegslage lässt kaum eine hoffnungsvolle Atmosphäre aufkommen. Die polnische Politik behandelte ihr Szczecin wie eine vorübergehend gepachtete Stadt. Eine völkerrechtliche Anerkennung der Volksrepublik Polen wird in der BRD ausgeschlossen, in den Schulatlanten an den westdeutschen Schulen werden die ehemaligen deutschen

Gebiete Pommern, Ostpreußen und Schlesien noch weit bis in die 70er Jahre mit dem Zusatz „Zur Zeit unter polnischer Verwaltung" versehen. Eine offizielle Anerkennung erfolgt erst im Sommer 1990.

Die Stadtführung unter *Piotr Zaremba* beschließt nach dem Krieg, die alte architektonische Struktur Stettins nicht wieder herzustellen. Einige öffentliche Gebäude werden abgerissen.

Größere **Plattenbausiedlungen** entstehen am westlichen Rand von Pogodno (*Osiedle Zawadzkiego*), im Süden von Pogodno (*Osiedle Kaliny, Osiedle Przyjaźni*), im südlichen Stadtteil *Pomorzany* und im nördlichen Stadtteil *Niebuszewo*, dem einstigen Zabelsdorf.

Als die Tageszeitung *Gazeta Wyborcza* im Jahre 2000 ihre Leser nach dem „Stettiner des Jahrhunderts" fragte, nahm **Piotr Zaremba** uneingeschränkt die Spitzenposition ein. Das durfte auch erwartet werden, schließlich war der gelernte Architekt und Stadtplaner der erste polnische Stadtpräsident von Szczecin, von 1945 bis 1950. Der hoch angesehene Mann wurde 1910 in Heidelberg geboren, studierte im polnisch-galizischen *Lwów* (Lemberg) und lehrte ab 1960 Architektur und Stadtplanung als Professor am Stettiner Polytechnikum. Er starb 1993 in Stettin.

Zaremba gilt als der Pionier des polnischen Szczecin. Geradezu leidenschaftlich hatte er sich schon 1946 gegen einen Wiederaufbau des zugrunde gegangenen Stettins ausgesprochen, er plädierte statt-

dessen für die Schaffung eines dezidiert „polnischen Charakters" der Oderstadt mit ausschließlicher Hinwendung zum Osten. Szczecin sollte künftig Warschau näher sein als Berlin oder Hamburg. Der daraufhin erfolgte Umbau Stettins und die von Zaremba geforderte „Zäsur in der Architektur" prägt bis heute unverkennbar die neue Stadt. Trotzdem entschloss man sich in den Nachkriegsjahrzehnten zum Wiederaufbau der wichtigsten baulichen Sehenswürdigkeiten, die spätestens seit der Wende ganz übernational als europäische Kulturdenkmäler angesehen werden dürfen.

Drastische Preiserhöhungen auf Lebensmittel führen im **Dezember 1970** nach Streiks in der Danziger Bucht zu ersten Demonstrationen in Stettin. Die Demonstranten ziehen zum Gebäude des Wojwodschaftskomitees und stecken es in Brand. Die Polizei eröffnet daraufhin das Feuer, offiziell sterben 16 Menschen.

Im Jahre 1993 feiert Szczecin seinen **750. Geburtstag**. Der frühere Elektriker auf der Danziger Werft und legendäre Solidarność-Führer *Lech Wałęsa* gratuliert nun als polnischer Staatspräsident. Er nennt Szczecin einen „Garanten einer 1000jährigen polnischen Erde"! Stettin ist mittlerweile der größte See- und Handelshafen der Ostsee.

Die 1952 gegründete volkseigene **Stettiner Werft** wird nach der Wende in eine Aktiengesellschaft umgewandelt. Nach dem Niedergang der Danziger Werft setzt in Stettin der große Aufschwung ein. Das eklatante Missmanagement der Unternehmensleitung führt den in den 90er Jahren größten Schiffsbauer Europas in den Konkurs. Die Rettung für die Werft kommt aus Warschau. 2002 wird sie kurzerhand verstaatlicht. Im Jahre **2009** war dann trotzdem Schluss. Neue Hoffnung: Im Jahre 2013 kam es zur Fusion zwischen der Seereparaturwerft von Swinemünde und der neu gegründeten Stettiner Werft „Gryfia". Das neue Großunternehmen beschäftigt rund 800 Arbeiter. Die „Morska Stocznia Remontowa Gryfia" zählt heute zu den größten Werften ihrer Art in Europa.

„Grünes Venedig des Nordens"

Auf der Suche nach der verlorenen Zeit – den Nachkriegsjahrzehnten –

gab sich die Oderstadt um 2010 ganz selbstbewusst eine Zukunftsvision: **Szczecin 2050 – floating garden**. Stettin als **Metropolregion** mit grenzübergreifenden Aspekten. In diesem Zusammenhang sollen einige der vielen Oderinseln im Stadtzentrum – vor allem die der Hakenterrasse gegenüberliegenden großen Inseln *Lastadie* und *Grodzka* – mit ihren alten Hafen- und Speichergebäuden zu einem neuen Stadtteil ausgebaut werden. Aber darüber hinaus sieht man die Stettiner Umgebung mit dem riesigen und herrlichen Oderdelta, mit den Inseln, Kanälen, Stränden und Buchten als eine „magische Schatztruhe" der Natur, die in den nächsten Jahren und Jahrzehnten touristisch gehoben werden soll.

„Grünes Venedig des Nordens" – Blick über die Oder auf die Altstadt

Sehenswertes in Stettin

Der ortsunkundige Stadtspaziergänger kann sich an den roten Farbstrichen auf dem Pflaster orientieren: Die so genannte *Rote Route* beginnt und endet am Hauptbahnhof und führt die Touristen zu allen historischen Highlights der Stadt, nummeriert von 1 bis 42.

Der eingefärbte Touristikweg ist knapp sieben Kilometer lang und dauert ohne Museen- und Kirchenbesichtigungen ca. 3-4 Stunden.

Übersichtskarten, auf denen die Rote Route mit allen Sehenswürdigkeiten verzeichnet ist, gibt es kostenlos am Bahnhof und an den Touristeninformationsstellen.

Auch wir orientieren uns bei unserer Vorstellung der Sehenswürdigkeiten und dieser Tour. Da uns aber der Weg durch die Stadt nicht durchweg interessant erscheint, haben wir uns die schönsten und sehenswertesten Highlights rausgepickt.

Los geht's am Hauptbahnhof ❶

Der renovierte Stettiner **Hauptbahnhof (Szczecin Główny)**, zu großen Teilen in den 1950er Jahren erbaut, liegt am südwestlichen Rande der Neustadt. Das Innere schmückt eine große Landkarte Pommerns. Unter dem Bahnhof ist seit 2008 der ausgedehnte **Untergrund Stettins** zu besichtigen, mit Führungen durch den riesigen, unterirdischen Luftschutzbunker des Zweiten Weltkriegs (▶ Seite 96).

Johanniskirche (Kościół św. Jana Ewangelista) ❺

Die dreischiffige Kirche mit kleinem Dachreiter nebst Glocke errichteten Mönche des Franziskanerordens, die um 1240 aus Westfalen nach Stettin gekommen waren. Nach der Reformation wurde das gotische Gotteshaus protestantische Gemeindekirche. Die Franzosen nutzten es während ihrer Herrschaft über die Stadt (1806-1813) als Getreidespeicher. Außen beeindruckt die mit Fialen bekrönte Giebelfassade, drinnen sind noch die Barockorgel aus dem späten 18. Jahrhundert und Freskenfragmente aus der Ursprungszeit erhalten.

Nahe der Kirche – an der *ul. Podgórna* – kann man noch (stark verwittert) **Reste der mittelalterlichen Stadtmauer** aus dem 13./14. Jahrhundert sehen.

Lange Brücke (Most Długi)

Die viel befahrene Brücke wurde 1959 erbaut. Zuvor überquerte hier die am Ende des Krieges von SS-Schergen gesprengte Hansabrücke die Oder. Aber schon Ende des 12. Jahrhunderts gab es an dieser Stelle einen hölzernen Flussübergang, natürlich viel niedriger als heute. Zum Ärger der Kaufleute, die auf dem Wasserwege von weither kamen und mit ihren großen Schiffen die Brücke nicht durchfahren konnten. So mus-

Ort vieler Kulturveranstaltungen: der Schlosshof

sten sie ihre Waren notgedrungen den Händlern der Stadt verkaufen, denen die Brücke einträgliche Geschäfte brachte.

Auf der gegenüberliegenden Seite der Brücke breitet sich das Hafengebiet mit der Insel **Lastadie (Łasztownia)** aus. Das östliche Hafenbecken, *Basen Wschodni*, entstand in den 1890er Jahren, als hier ein Freihafenbezirk war. Das große ufernahe **Gebäude des ehemaligen Zollamtes** wurde 1907 im Neorenaissancestil erbaut. Mit seinen 64 Metern überragt der Turm der neugotischen **Gertrud-Kirche (Kośc. św. Trójcy)** die Vorstadt Lastadie. Das Gotteshaus aus dem Jahre 1897 dient heute der deutschen evangelischen Gemeinde.

Altes Rathaus am Heumarkt (Rynek Sienny) ❼

An der breiten *ul. Kardynała Wyszyńskiego*, wo zahlreiche Kioske und Imbissbuden stehen und die städtischen Trambahnen in fast alle Richtungen abfahren, biegt die kleine *ul. Mściwoja* rechts ab zum ehemaligen **Heumarkt**, *Rynek Sienny*, und zum gleich dahinter liegenden **Neuen Markt**, *Rynek Nowe*. Er entstand 1811 an der Stelle der abgebrannten gotischen Nikolaikirche. In der Mitte – zwischen den beiden Marktplätzen – steht das historische **Alte Rathaus** aus dem 14./15. Jahrhundert, umgeben von tristen – mittlerweile zumindest frisch getünchten – niedrigen Plattenbauten auf der einen und von wunderschön rekonstruierten Ba-

Rekonstruierter Barock am ehemaligen Heumarkt

rockhäusern mit vielen Pubs und Restaurants auf der anderen Platzseite. Krasser lässt sich kaum ein architektonischer Kontrast vorstellen. Die Rekonstruierungsarbeiten sind noch nicht abgeschlossen, irgendwann soll auch die Plattenfront Schönerem weichen. Der Heumarkt mit seinen neuen Altstadthäusern zählt gewiss zu den schönsten Plätzen Stettins!

Ins mittelalterliche Gewölbe des Kellers, einst Gefängnis und später Weindepot, ist ein Jazzclub eingezogen. Oben ist im einstigen Ratsherrensitz das interessante **Stadtmuseum** untergebracht, *Muzeum Miasta* (▶ Seite 98). Unter Glas liegen da die Siegel der Pommernherzöge, die das **Fabelwesen Greif** ziert. Das vierfüßige Flügeltier mit Löwenrumpf und Adlerkopf findet sich heute noch im Stadtwappen von Szczecin. Der Ritter *Zelisław*, so weiß die Sage zu berichten, entdeckte einen Greif, der in seinem Horst auf einer alten Eiche goldene Eier ausbrütete. Von Stund an, so bestimmte es der Herzog, war der Vogel Greif das Wappentier seiner herrschaftlichen Familie.

Loitzenhaus (Kamienica Loitza) 8

In der *ul. Kurkowa* unterhalb des Schlosses steht das frisch herausgeputzte ockergelbe Gebäude. Es ist sicherlich eines der schönsten Bürgerhäuser Stettins. Die steinreiche Kaufmannsfamilie *Loitz* (▶ Seite 64), Hausbankiers der Jagiellonen-Könige, ließ sich das schmucke Gebäude 1547 im Stil der Frührenaissance

erbauen. Im 18. Jahrhundert ging das palastähnliche Gebäude mit seinem charakteristischen spiralenförmigen Stiegenhaus und schönem Maßwerk in den Besitz der Schweizer Brüder Dubendorf über, die dort eine Gaststätte einrichteten. Nach erheblichen Kriegsschäden wurde auch dieses Haus wieder aufgebaut. Es ist heute Sitz des *Lyzeums der bildenden Künste*.

★ Das Schloss der Pommernherzöge 9

Auf dem Schlossberg, ursprünglich zu slawischer Zeit *Triglaw-Hügel* genannt, thront das einstige **Residenzschloss der Pommern- und Greifenherzöge (Zamek Książąt Pomorskich)**. Das sehr stattliche Gebäude besitzt eine bewegte Baugeschichte. Im Jahre 1346/47 entsteht an der Stelle eines heidnischen Tempels zu Ehren des dreiköpfigen Slawengottes *Triglaw* ein „Steinhaus". Der Ausbau zum herrschaftlichen Schloss erfolgt erst ab 1474 unter dem berühmtesten aller Greifenherzöge, *Bogislaw X.*, der das geteilte Pommern wieder vereinigen kann. Stettin wird zur Hauptstadt. Er heiratet *Anna Jagiellonka*, die Tochter des polnischen Königs *Kasimir Jagiellończyk*. Die Hochzeit muss die üppigste Party gewesen sein, die je im Schloss gefeiert wurde. In der Regierungszeit *Bogislaw X.* entsteht der Südflügel, das so genannte Große Haus. In den 70er Jahren des 16. Jahrhunderts lässt Herzog *Jan Fryderyk* die Burg schließlich in eine Schlossanlage im Renaissancestil umwan-

Als wär's ein Stück von heut':
Aufstieg und Fall der Familie Loitz

Mit Hans Loitz nimmt die furiose und kuriose Familiengeschichte der Loitz´ in der Pommernhauptstadt Stettin 1433 ihren Ausgang. Verdient Hans noch ganz bodenständig als Fischhändler seinen Lebensunterhalt, erklimmt bereits sein Sohn Michael die höheren Sphären der Stettiner Gesellschaft, indem er eine lukrative „Vernunftehe" mit einer reichen Witwe eingeht. 1484 wird Michael Ratsherr und Bürgermeister von Stettin. Als Geschäftsmann beteiligt er sich profitabel an einer dänischen Witte, also an einer Niederlassung der Hansestadt, in der die reichen Fischhändler ihre Heringsfänge billigst ausweiden, einsalzen und auf ihre Schiffe laden lassen, um sie fix und fertig und mit hohem Gewinn auf dem großen Fischmarkt zu Stettin zu verhökern.

Michaels Sohn Hans II. Loitz wird ebenfalls Stettiner Bürgermeister. Darüber hinaus internationalisiert er die Geschäfte seines Vaters und steigt in das Salzgeschäft ein. Wo man Heringe transportiert, braucht man schließlich auch Salz. Unter dem zweiten Hans prosperiert die Loitz-Firma zu einem europaweit tätigen Konzern, dem mittlerweile ein eigenes Bankhaus angeschlossen ist. Systematisch werden durch Heiraten seiner drei Söhne neue Dependancen des Unternehmens gegründet: Michael II. Loitz vermählt sich in der Hafenstadt Danzig, um die Geschäfte mit Polen auszuweiten, Stephan Loitz ehelicht eine der reichsten Lüneburger Salzwitwen. Die „Fugger des Nordens" besitzen nun eine eigene Handelsflotte, ihr erklärtes Ziel ist das Salzmonopol in Mitteleuropa.

Längst sind Patrizier, aber auch die pommerschen Herzöge, der brandenburgische Kurfürst und selbst der polnische König Schuldner der Loitzbank, nicht zuletzt weil die teuren Kriege dieser Herrschaften finanziert werden müssen. Einen ersten Rückschlag erleiden die Salzgeschäfte, als Dänemark den Salztransport durch die Belte mit hohen Zöllen belegt. Zur Katastrophe und zum jähen Kollaps ihres Handelsimperiums kommt es, als sich 1572 der gerade inthronisierte polnische König Batory weigert, für die Großkredite seines Vorgängers Sigismund II. nach dessen Ableben aufzukommen. Wie eine riesige Seifenblase platzt das aufgeblähte mitteleuropäische Kreditsystem. Der Bankrott ist unwiderruflich, die Familie flieht nach Krakau, um der Verhaftung zu entgehen.

deln. Als Baumeister holt er den Italiener *Guglielmo di Zaccaria*. Schon wenige Jahrzehnte später, im Jahre 1637, stirbt mit dem völlig verarmten *Bogislaw XIV.* das Greifengeschlecht aus.

Von nun an geht´s mit dem großartigen Renaissance-Bauwerk bergab. Kriege, Belagerungen, Verfall und dilettantische Umbauten verschandeln das einheitliche Erscheinungsbild und vernichten wertvolle Bauelemente. Die Preußen funktionieren 1729 den Südflügel zum Arsenal um. Ein prachtvoller gotischer Ziergiebel wird dabei kurzerhand durch ein einfaches Mansardendach ersetzt.

Ins Schloss zieht danach der Chef der Stettiner Garnison, der blaublütige General *von Anhalt-Zerbst*. Seine Tochter, die Prinzessin *Sophia Augusta*, wird später zur mächtigen russischen Zarin *Katharina II.*!

Nach gezielten Bombenangriffen im Kriegsjahr 1944 – das Schloss wird als Kaserne und Flakstellung genutzt – bleibt nur eine traurige Ruine. Der teure und schwierige Wiederaufbau der fünf Gebäudeflügel mit drei Türmen und zwei Innenhöfen beginnt 1958 und ist erst 1982 abgeschlossen. Die polnischen Denkmalpfleger beseitigen die preußischen

Herausgeputzte Frührenaissance – das Loitzenhaus

Über den Dächern der Stadt prunkt das schneeweiße Schloss

„Zutaten" aus dem 18. und 19. Jahrhundert und verwendeten stattdessen wieder Stilelemente der Renaissance, wie sie auf alten Ansichten noch erkennbar sind. Während archäologischer Ausgrabungen stößt man auf Fundamente früherer Bauwerke am Schlosshügel. Wenn man den Blick auf das Kopfsteinpflaster im großen Innenhof richtet, sieht man auf dem Boden die Mauerumrisse der ehemaligen gotischen Kapelle und des „Steinhauses" aus dem 14. Jahrhundert.

Der Südflügel

Er ist der älteste und wirkungsvollste Teil des Schlosses. Die Fassade ist mit Renaissanceschmuckgiebeln verziert. Die Hofseite des Flügels wird vom **Uhrturm** gebrochen. Sofort ins Auge springt das **farbenfrohe barocke**

Ziffernblatt der bemerkenswerten und originellen **Uhr**, die 1693 von *Johann Friedrich Eosander* entworfen und vom pommerschen Uhrmachermeister *Kaspar Ritardy* gefertigt wurde – ein Geschenk der Schweden an die Stadt für ihre treuen Dienste im Krieg mit den Brandenburgern.

Davor – auf der Bühne im Großen Hof – finden im Sommer Konzerte und Theateraufführungen statt.

Der Ostflügel

Hier ist im Gewölbe des Kellers das **Schlossmuseum** eingezogen. Es besitzt drei Räume: Links vom Eingang stehen sechs mit filigraner Ornamentik ausgestattete **Zinn-Sarkophage** aus der Renaissance. Sie wurden 1946 zusammen mit acht weiteren Särgen der Greifendynastie in der Krypta unter der Schlosskapelle entdeckt. Etwas tiefer liegen die beiden anderen Räume. Im mittleren ist die interessante **Dauerausstellung zur Schlossgeschichte** untergebracht (▶ Seite 99). Zu sehen sind alte Fotos, Stiche, Schlossmodelle, Pläne und vieles mehr (alle Exponate sind deutsch untertitelt). Der dritte Saal, die **Gotische Galerie**, dient Zeitausstellungen.

Ebenfalls im Ostflügel befinden sich seit 1978 die renommierte **Schlossoper** und die Operette. Außerdem ein Kino sowie die Restaurants *Zamkowa* (im Eckbereich zum Nordflügel) und *Opera* im Westflügel (▶ Seite 90).

Der Nordflügel

Hier dient der repräsentative und mit einer klangvollen Orgel ausgestattete **Boguslaw-Saal**, die frühere Schlosskapelle, vielfältigen Veranstaltungen. Jeden Sonntag um 12 Uhr werden Mittagskonzerte dargeboten. Weit über die Grenzen Stettins hinaus bekannt ist das Vokal- und Instrumentalensemble **Camerata Nova** mit ihrem großen Repertoire von Oratorien und Kantaten barocker bis zeitgenössischer Komponisten. In der ehemaligen Krypta – 1654 zugemauert – treten das **Krypta-Theater (Teatr Krypta)** und das **Kabarett Piwnica przy Krypcie** auf. Traditionsreich sind die Kammerkonzerte bei Kerzenlicht im **Anna-Jagiellonka-Saal**. Besuchenswert: die beiden **Galerien** im Nord- und im Südflügel.

Der **Münzflügel** am kleinen Hof, dem so genannten **Münzhof**, und gegenüber dem Westflügel ist Sitz des Marschallamtes und des **Informationszentrums** für Kultur- und Touristikveranstaltungen.

Bastei der Sieben Mäntel

Nach der Legende erhielt die mittelalterliche Bastei den merkwürdigen Namen Siebenmantelturm, weil in diesen dicken kalten Mauern ein windiges Schneiderlein eingekerkert war, der für den pommerschen Herzog sieben Mäntel aus feinster Seide nähen sollte, es aber vorzog sich mit dem teuren Stoff klammheimlich aus dem Staub zu machen.

Von der **Schlossterrasse** – wo historische Kanonen zur Oder hin ausgerichtet sind – hat man einen vorzüglichen Über- und Weitblick. Das unmittelbar darunter liegende ufernahe Terrain des Bollwerks hat man in realsozialistischer Zeit mit einem einzigartigen Gewirr autobahnähnlicher Pisten umzingelt, der so genannten Oderarterie, *Arteria Nadodrzańska*, die zusammen mit der Schlosstrasse, *Trasa Zamkowa*, auf die achtspurige Oderbrücke mündet. Eingerahmt von diesem kühnen Straßenchaos erblickt man den **Siebenmantelturm** aus dem 14. Jahrhundert. Er wird auch *Jungfrauenbastei der sieben Mäntel* genannt und sieht in der ihn umgebenden modernen Betonlandschaft ziemlich verloren aus. Der

Turm mit seiner typisch pommerschen Spitze ist die einzige von ehemals 20 Basteien, die den Krieg überdauerte. Bis 1723 diente die Bastei als Gefängnis.

Alfred Döblin (1878-1957), Schriftsteller und Arzt für Nervenerkrankungen. Er gehört 1910 zu den Gründern der expressionistischen Zeitschrift „Der Sturm". Die Nazis verbrennen seine Bücher, er wird aus der preußischen Akademie für Dichtung ausgeschlossen. Döblin flieht zunächst nach Frankreich, später in die USA. Sein schriftstellerisches Hauptwerk ist der naturalistische Reportageroman *Berlin-Alexanderplatz* (1929), die Geschichte des Transportarbeiters Franz Biberkopf. In *Die Vertreibung der Gespenster* schreibt Döblin autobiographisch: „In Stettin an der Oder lebte einmal mein Vater. Der hieß Max Döblin und war seines Zeichens ein Kaufmann… Dieser Mann war verheiratet und hatte es im Laufe der Jahre, wenn auch nicht zu Geld, so doch zu fünf Kindern gebracht. Auch ich war darunter. Er war mit vielen Neigungen und Begabungen gesegnet, und man kann wohl sagen: was ihm seine Begabungen einbrachten, nahmen ihm seine Neigungen wieder weg."

Wenn man das Ganze von noch weiter oben überschauen will, muss man über 204 Stufen den 35 m hohen **Glockenturm** erklimmen. Im Innern des Turmes ist ein 28,5 Meter langes **Foucaultsches Pendel** aufgehängt. Das physikalische Experiment beweist, dass sich die Erde um ihre eigene Achse dreht. Vom Turm blickt man weit über die Altstadt und bis zum Oderhaff sowie auf das so genannte **Quartier an der Bastei (Kwartał przy Baszcie)**, in dem der Wiederaufbau der Altstadt im postmodernen Retrostil schon bis zum Siebenmantelturm vorgedrungen ist. An einem der neuen Häuser, schmal wie ein Handtuch, marineblau angetüncht und mit der Hausnummer 16 versehen, erinnert eine **Gedenktafel** an den Schriftsteller und Arzt **Alfred Döblin**, der hier 1878 in einem der kriegszerstörten Gebäude am damaligen Bollwerk geboren wurde.

★ Die Hakenterrasse – Balkon zur Oder 12

Von der Uferpromenade an der Oder geht´s über eine breite Freitreppe hoch zu den drei beliebten Pubs und Aussichtsrestaurants *Columbus*, *Colorado* und *Chobry* (▶ Seite 90). Hier verlaufen die **Wały Chrobrego**, der vielleicht beeindruckendste Teil der Stadt. Im 18. Jahrhundert befand sich auf den 19 Metern aufgeschütteten Wällen das *Fort Leopold*, das Ende des 19. Jahrhunderts geschliffen wurde. Kurz danach begann man mit der Neugestaltung dieses Geländes. Seit

1902 nimmt die **Hakenterrasse** die ganze Breite des Walles ein, rund 500 Meter. Sie wurde nach dem damals regierenden Oberbürgermeister *Hermann Haken* benannt.

Ein Komplex mit drei stattlichen Repräsentationsbauten flankiert seit 1905 bzw. 1913 die 19 Meter breite und mit Linden gesäumte Plateauterrasse. Das imposante ehemalige Stettiner Regierungsgebäude im Neorenaissancestil mit seinen zwei ungleichen Türmen und patinabedeckten Kupferdächern stammt aus dem Jahre 1911 und ist heute **Sitz des Wojwodschaftsamtes** . Der monumentale Jugendstilbau in der Mitte beherbergt die **Abteilung Meeresmuseum des Stettiner Nationalmuseums** sowie in den Obergeschossen das **Zeitgenössische Theater**, *Teatr Współczesny*. Das heutige

Hauptgebäude des Nationalmuseums entstand zwischen 1911 und 1913 nach Plänen des Architekten *Wilhelm Meyer-Schwartau*. Seine Fassade ist mit Darstellungen epochaler Denkmäler aus der Weltgeschichte geschmückt. Die Stettiner **Marineakademie** hat im Doppelgebäude auf der westlichen Seite der Hakenterrasse ihre Räumlichkeiten. Ein Gebäudeteil diente ab 1905 als Landesversicherungsanstalt, der andere ab 1921 als Zolldirektion.

Im Zentrum der Gesamtanlage stehen **zwei Pavillons mit Aussichtsterrassen**, offensichtlich Lieblingsplatz der Marinestudenten und vieler Stettiner Liebespärchen. Darunter auf der Rasenfläche steht eine Plastik des mit dem Zentaur kämpfenden Herkules, ein Werk *Ludwig Manzels* aus dem Jahre 1913. Hier

Einkehr an der Hakenterrasse

Preußischer Barock – das Königstor mit dem Brama Jazz Café

führt die breit geschwungene Freitreppe hinunter zu einer beeindruckenden Brunnenanlage mit zwei großen Laternen und zur Kaipromenade an der Oder. Die ganze Pracht und Schönheit der Wallbebauung ist von dort unten am eindringlichsten zu bestaunen, besonders abends. Der letzte deutsche Kaiser, so heißt´s, wollte stolz auf eine glanzvolle „Fototapete" blicken, wenn er seine Luxusyacht „Hohenzollern" am Oderufer vor Anker setzte. Hier ist kürzlich eine kleine Flaniermeile mit Fischtavernen entstanden.

Hinter der Hakenterrasse hat der Stettiner Bildhauer *S. Lewiński* 1960 dem polnischen Nationaldichter **Adam Mickiewicz** ein **Denkmal** 🔢 gesetzt. Auf dem Postament stand bis zum Kriegsende das Reiterstandbild *Friedrich III.* Auch der weite Platz davor ist nach dem romantischen Schriftsteller des 19. Jahrhunderts benannt. Wenn man nun die Straße *Teofila Starzyńskiego* überquert, erreicht man die 25 Hektar große **Grünanlage des Stefan-Zeromski-Parks**. Diese ehemaligen Grabower Anlagen bildeten früher den Botanischen Garten und den städtischen Friedhof. Der Baumbestand stammt großteils noch aus vergangenen Jahrhunderten, auch Exoten sind darunter. An der *ul. Starzyńskiego* blieb am Ende der Eiszeit ein **Findling** mit 8,5 Meter Umfang liegen. Mitten im Park steht eines der besten Hotels der Stadt, das *Park Hotel*.

Königstor (Brama Królewska)

Das barocke Tor steht am pl. Hołdu Pruskiego und wurde 1725 vom preußischen König Friedrich Wilhelm I. in Auftrag gegeben. Entworfen wurde es von dem westfälischen Architekten Gerhard Cornelius van Wallrawe. Die reiche, plastische Dekoration stammt von dem Bildhauer Damart. Im späten Mittelalter stand

hier das Mühlentor, an dem damals auch die Scheiterhaufen bei den Hexenverbrennungen loderten. Drinnen ist das beliebte Szenepub Brama Jazz Café (▶ Seite 94) mit Galerie eingerichtet. Wenn es das Wetter zulässt, sitzen die meist jungen Gäste draußen auf der Bierterrasse.

St. Peter und Paul (Kościół św. Piotra i Pawła) 19

Direkt an der mehrspurigen *Trasa Zamkowa* steht die rote Backsteinkirche St. Peter und Paul. An gleicher Stelle stand das erste pommersche Gotteshaus, das man im Jahr der Christianisierung Stettins (1124) errichtete. Der heutige Klinkerbau stammt aus dem frühen 15. Jahrhundert. In der Folgezeit hat man ihn mehrmals umgestaltet, seine spät-

Der Engel der Freiheit und gleich dahinter die Kirche St. Peter und Paul

gotische Erscheinung blieb jedoch erhalten.

Gegenüber der Kirche – auf dem Grünstreifen der *Trasa Zamkowa* – erinnert seit 1990 der **Mast des Schiffes Kaszuby** 20 an Kapitän *Konstanty Maciejewicz,* der die erste Seefahrtsschule in Polen gründete.

Auf den freien Platz hat man erst 2005 zum Gedenken an die Opfer des Werftarbeiterstreiks von 1970 den **Engel der Freiheit** gestellt.

Nun hat der Platz erneut sein Gesicht verändert: An der nordwestlichen Ecke – wo von 1884 bis 1962 das (im Zweiten Weltkrieg beschädigte) Stettiner Konzerthaus stand – ist 2014 für 30 Millionen Euro der kühne und originelle Neubau der **Philharmonie (Filharmonia)** (▶ Seite 94) errichtet worden, gestaltet vom spanischen Projektbüro Estudio Barozzi Veiga aus Barcelona. Die markanten, asymmetrisch abfallenden Spitzen der Fassade sind aus Milchglas und Blech und kirschblütenweiß. Am Abend wird das Haus von innen beleuchtet, das wirkt sehr festlich. Das Foyer dagegen wirkt etwas kühl und steril. Die Holzwände des Großen Saals hat man mit Blattgold überzogen. Der Saal bietet Platz für fast 1.000 Menschen und besitzt eine herausragende Akustik. Das nur ein paar Schritte vom preußischen Königstor entfernte weiße Gebäude ist jetzt außerdem das neue interdisziplinäre Kunstzentrum der Odermetropole.

Gleich davor, am *Plac Solidarności,* entstand zu großen Teilen unter der Erde das **Zentrum des Dialogs**, „Um-brüche" (*Przełomy*) genannt. Das Kulturzentrum und Museum, das 2015 eröffnet wird, zeigt in seiner Ausstellung den schwierigen Prozess der Identitätsfindung der neuen Bevölkerung von Szczecin nach dem Zweiten Weltkrieg.

Wenige Schritte weiter, auf der anderen Seite der Trasa Zamkowa, passiert man eine Reihe sehr auffälliger, einstöckiger Wohngebäude mit Mansardendächern, die so genannten **Professorenhäuser,** *Kamienice Profesorskie* 21. Die Vorgängergebäude dieser seit dem frühen 19. Jahrhundert klassizistisch gestalteten Häuser waren Wohnungen für die Lehrer der nahen Marienschule, im 14. Jahrhundert die erste Lehranstalt Stettins.

★ St. Jakobikirche (Kościół św. Jakuba) 24

Die alte charakteristische Silhouette der Stettiner Oberstadt hat 2008 ein bedeutendes Detail zurückbekommen: Nun erstrahlt St. Jakobi wieder mit einem neuen Turmhelm und hoher, eleganter Turmspitze obendrauf. Beide sind dem ursprünglichen Turmaufsatz aus dem späten 15. Jahrhundert nachempfunden. Die rote Backsteinkirche besitzt nun wieder eine luftige Höhe von 110 Metern. Das Gotteshaus ist damit das höchste Gebäude Stettins und die zweithöchste Kathedrale Polens. Seit 2009 kann man mit dem Lift zur neuen **Aussichtsterrasse** hochfahren: Herrlicher Panoramablick!

Wegen des im Krieg zerstörten

Stolz: St. Jakobi mit neuer Turmspitze

Glockenturms ist bis heute die 6,9 Tonnen schwere **Schwedenglocke** von 1669 auf einem hölzernen Gerüst neben der Kirche aufgehängt. Die Glocke war über 200 Jahre verschollen, man entdeckte sie erst in der Kriegsruine eingemauert in einer Kirchenwand. Daneben steht eine Figur der Muttergottes auf dem gleichen Sockel, auf dem vor dem Krieg noch das **Denkmal von Carl Loewe** stand. *Loewe*, der berühmte Balladenkomponist (*Erlkönig*, *Heinrich der Vogler*) wirkte von 1820 bis 1866 als Kantor an St. Jakobi.

Übrigens: In der Kirche fand 1827 unter der Leitung von Carl Loewe die öffentliche Uraufführung der Ouvertüre zu Felix Mendelssohn Bartholdys *Sommernachtstraum* mit dem berühmten *Hochzeitsmarsch* statt!

Die Jakobikirche hat eine turbulente Geschichte und wurde mehrfach zerstört und wieder aufgebaut. Seit 1975 sind die langjährigen Arbeiten nach Plänen aus dem frühen 16. Jahrhundert beendet. Die Nordwand erhielt eine moderne Fassade. Das Hauptfenster über der Empore ist mit 87 Metern Höhe das größte Kirchenfenster Pommerns. Neben der Südfassade blieben Teile des Priorhäuschens aus dem 15. Jahrhundert erhalten.

Kirchenbesichtigung: *tgl. 9-18 Uhr, wenn keine Gottesdienste stattfinden. Eingang: südliches Seitentor*

Kathedralenmuseum *auf der Südempore: Mo-Sa 10-13 und 14-16 Uhr*

Aussichtsplattform: *tgl. 9 Uhr bis zur Dämmerung*

Am Roßmarkt
(Plac Orła Białego)

Der großflächige Platz liegt schräg gegenüber der Jakobskathedrale. **Plac Orła Białego**, also *Platz des weißen Adlers*, heißt er heute. Bis 1945 hieß er **Roßmarkt**, er war einst das städtische Handelszentrum mit den Tuchhallen, den Gildehäusern der Krämer und Schneider und einem quirligen Markt. Das den heutigen Namen gebende Wappentier Polens thront im nördlichen Teil des Platzes auf einem **Sandsteinbrunnen** 26. Der vom Berliner Bildhauer *Grael* entworfene barocke Brunnen entstand 1732 und war ursprünglich der ab-

schließende Teil der städtischen Wasserleitung.

Am anderen Ende des Platzes steht das **Denkmal der Flora** 25, der römischen Göttin der Blumen und der Fruchtbarkeit. Es ist ein Werk des bedeutenden preußischen Bildhauers *Friedrich Christian Glume* ebenfalls aus dem 18. Jahrhundert. Auch die meisten Bürgerhäuser, die den Platz des Adlers säumen, entstanden in diesem Jahrhundert. Das stattlichste Gebäude ist das (ehemals barocke) Palais gegenüber dem Brunnen, das der pommersche Oberpräsident *Philipp Otto von Grumbkow* 1724 errichten ließ.

Einige Jahre – in der Mitte des 18.

Sandsteinbrunnen am Platz des weißen Adlers, ehemals Roßmarkt

Jahrhunderts – residierte hier die Ehefrau des Herzogs *Friedrich Eugen von Württemberg*, ihr Gatte führte unterdessen das Dragoner-Regiment in Treptow a.d. Rega (heute *Trzebiatów*) an. Ihre Tochter *Sophie Dorothea Auguste Luise* erblickte 1759 in diesem herrschaftlichen Hause das Licht der Welt. Sie machte später in Petersburg Karriere und avancierte zur **Zarengemahlin Maria Fjodorowna**. Ihr Mann war *Zar Paul II.* von Russland und der war wiederum der Sohn der russischen **Zarin Katharina II.**, die 1729 mit mehreren Vornamen als Tochter derer *von Anhalt-Zerbst* ebenfalls in Stettin geboren wurde! Nur einen Katzensprung vom Roßmarkt entfernt, im Gebäude an der Ecke *pl. Mariacki/ul. Farna*, wo jetzt die *PZU-Versicherung* ihren Sitz hat **23**. Hier ist mittlerweile auch eine kleine mehrsprachige Gedenktafel angebracht, das heutige Aussehen des Gebäudes hat aber mit dem Geburtshaus Katharinas nicht mehr viel gemein.

Um das Jahr 1900 übernahm die Preußische Nationalversicherung das noble *Grumbkow-Haus* am Roßmarkt und ließ es grundlegend zum **Palais unter dem Globus 27** umbauen. Doch schauen Sie zur Vorsicht nach oben: Die von zwei Löwen getragene Weltkugel auf dem Tympanon, die die schon damals globalisierte Reichweite der Versicherungsgesellschaft symbolisiert, scheint gerne mal in Bewegung zu geraten und herabzustürzen. Das letzte Mal kurz nach der Wende.

In unmittelbarer Nachbarschaft zum Palais unter dem Globus steht das klassizistische **Velthusenhaus 28** aus dem Jahr 1787. Es ist nach seinem Besitzer benannt, der es – man beachte die reiche Fassadenverzierungen mit Traubenmotiven – durch seinen Weinhandel zu Reichtum brachte. Mitte des 19. Jahrhunderts produzierte in diesem Gebäude die Firma Wolkenhauer ihre berühmten Pianos. So passt es, dass man 1963 – wie fast den ganzen Tag über zu hören ist – die Musikhochschule unterbrachte. Die Köpfe, die die Fassade schmücken, stellen denn auch europäische Komponisten dar.

Eines der fünf Häuser des **Nationalmuseums 29** (▸ Seite 97) liegt gleich um die Ecke, in der *ul. Staromłyńska*. Im Barockpalast, 1727/29 ebenfalls nach Plänen von *Wallrawe* erbaut, tagte früher der Pommersche Landtag. Bemerkenswert an der Fassade ist das Tympanon mit Personifizierungen der Tugenden, der Vernunft und der Gerechtigkeit.

Gegenüber, am lang gestreckten **pl. Żołnierza Polskiego,** stellte die Stadt 1950 ein neues Denkmal auf, das **Wdzięczności-Denkmal**. Es sollte die Dankbarkeit der Polen für die Eroberung Pommerns durch die Rote Armee ausdrücken. Der Sowjetstern wurde allerdings auf Beschluss des Stadtrates mittlerweile demontiert.

Südlich vom Plac Lotników

Einen Steinwurf östlich vom Magno-lien-Platz *Lotników* erstreckt sich ker-zengerade die **al. Niepodległości**, einer der Stettiner Hauptgeschäfts-straßen. In preußischer Zeit hieß sie, was sie war: Paradeplatz. Hier verlief noch bis ins 18. Jahrhundert die mit-telalterliche Stadtmauer. Zwei statt-liche Häuser fallen sofort auf – bei-de wurden um die Wende des 19. und 20. Jahrhunderts errichtet. Das neubarocke Gebäude der **Bank PKO Bank Polski** 32 und die heutige **Post- und Telekommunikations-zentrale** 33 der Stadt. Früher beher-bergte das eindrucksvolle Haus die Königlich Preußische Post und die Stettiner Oberpostdirektion.

Gleich um die Ecke, in der *ul. Bo-gurodzicy*, steht die neugotische **St. Johanneskirche (Kościół św. Ja-na Chrzciciela)** 34. Sie ist nach Jo-hannes dem Täufer benannt. Ihr Bau wurde erst 1890 beendet. Interessant sind im Innern die Orgelempore und die neugotische Kanzel.

Daneben ist der **Władysław An-ders Park** mit seinen zahlreichen Ro-binien. Das Gelände war früher ein Militärfriedhof, auf dem auch der preußische Feldmarschall *Friedrich Ernst von Wrangel* (1784-1877) begra-ben war. Am südlichen Parkende brei-tet sich der **pl. Zwycięstwa** aus. Der wiederum sehr weiträumige Platz wird von zwei Gotteshäusern flan-kiert. Die **Herz-Jesu-Kirche (Kościół pw. Najświętszego Serca Pana Je-zusa)** 37, entstand 1919 als Garni-sonskirche. Über dem mittleren Ein-

gang ist der heilige Georg im Kampf mit dem Drachen zu sehen, drinnen ist sie sehr bescheiden ausstaffiert und kann nur damit angeben, dass sie der älteste Sakralbau aus Stahl-beton in Polen ist. Die **St. Adalbert-kirche (Kościół św. Wojciecha)** 38 wurde nach Entwürfen von *J. Kröger* 1909 fertig gestellt. Auch sie ist in ih-rem Innern schlicht und im neuroma-nischen Stil ausgestattet. Ihr Turm ist aber immerhin 65,5 Meter hoch. Sie hieß ursprünglich *Bughagenkir-che*, benannt nach dem Pommernre-formator *Johannes Bugenhagen* („Dr. Pomeranus"). Im Grünen steht das **Denkmal des polnischen Dichters Kornel Ujejski**, ein Werk von *Adam Popiel*. Es entstand 1901 in Wien, kam dann nach Lemberg und nach dem Zweiten Weltkrieg schließlich nach Stettin. *Ujejski* (1823-1897) gilt als letzter der großen polnischen Dich-ter aus der Romantik. Er machte sich auch als Freiheitskämpfer für ein un-abhängiges Polen einen Namen.

Gegenüber der Kirche – in der *al. Wojska Polskiego* – beherbergt das Bürgerhaus mit der Nr. 2 das **Kino Pi-onier**. Es zog hier bereits 1909 als *Ki-no Helios* ein und darf sich das „**älte-ste noch funktionierende Kino der Welt**" nennen (siehe Guinness-Ur-kunde im Foyer). Unscheinbar von außen, erwartet den Kinogänger drinnen ein gerade mal exakt 4,72 Meter schmaler Schlauch mit rund 80 Sitzplätzen, feine rote Sessel wie vor 100 Jahren. Der heutige Besitzer *Jerzy Miskiewicz* ließ das Kleinod re-novieren und spielt seitdem vorwie-gend engagierte Autorenfilme.

Hafentor (Brama Portowa) 40

Am östlichen Ende des *Plac Zwycięstwa* – einem der zentralen Plätze Neu-Stettins – steht mitten im städtischen Verkehrsgewimmel das **Hafentor**, ehemals **Berliner Tor** genannt. An dieser Stelle war im Mittelalter der westliche Stadtzugang. Die barocke Triumphpforte aus dem Jahre 1725 ist auch ein Werk *Wallrawes* und hatte von vornherein keine Bedeutung als Stadttor, sondern nur dekorativen Charakter. Es ist daher reich verziert. Man sieht Reliefs mit heraldischen Motiven, das Stadtpanorama Stettins sowie *Viadrus*, den Gott der Oder.

Am Hafentor nimmt die breite und kerzengerade *ul. Kardynała Wyszyńskiego* ihren Anfang, benannt nach dem polnischen Kirchenfürsten *Stefan Wyszyński*, der nach dem Zweiten Weltkrieg gegen die Schauprozesse der Kommunistischen Partei Polens protestierte und daraufhin jahrelang inhaftiert wurde. Bemerkenswert ist, dass schon zu realsozialistischer Zeit die Umbenennung dieser Straße erfolgte!

Das dekorative Hafentor mit seinen barocken Verzierungen

„Rotes Rathaus" **41**

Es ist ein kolossales Gebäude: Hinter dem Hauptbahnhof, am *Plac Batorego*, steht Stettins „Rotes Rathaus". Dieses neugotische **Neue Rathaus** – gebaut in Anlehnung an die typische spätmittelalterliche Rathaus-Architektur der Hansestädte – ist heute Sitz mehrerer Seedienststellen und bekannter Veranstaltungsort von Konzerten (*City Hall*, Eingang *ul. Dworcowa*). Es entstand 1879 nach Entwürfen des Baumeisters *Konrad Kruhl*, nachdem hier wenige Jahre zuvor die alten Festungsanlagen geschliffen worden waren. Dadurch konnte sich die Stadt ausdehnen. Unmittelbar um das repräsentative Backsteingebäude des Rathauses gestaltete man nun südwestlich der engen Straßen und Gassen der Altstadt eine attraktive Grünanlage, die **Grüne Schanze**.

Auch das Neue Rathaus brannte im Krieg aus, es wurde originalgetreu wiederaufgebaut. Die vier Figuren über dem Eingang sind Sinnbilder des Wissens, der Wirtschaft, der Landwirtschaft und des Seehandels.

Südlich davon – gegenüber vom Busbahnhof PKS – schließt sich ein Platz an, der *Targowisko Tobruk*. Eini-

Stettins „Rotes Rathaus" von der Grünen Schanze aus gesehen

ge Geschäfte haben hier die alten Kasematten aus dem 18./19. Jahrhundert bezogen.

Nur unvollständig erhalten blieb der nah gelegene **Manzelbrunnen** , 1898 nach einem Entwurf *Ludwig Manzels* aus Sandstein geschaffen. Seine schmückende **Skulptur der Sedina**, der Schutzpatronin der Hafenstadt, ging im Krieg verloren. Nach 1945 hat man stattdessen einen großen Anker aufgestellt. Nun soll die Sedina vielleicht doch bald rekonstruiert werden.

Außerhalb der Roten Route

Natürlich gibt es noch mehr sehenswerte Ecken in Stettin, so zum Beispiel südlich des Bahnhofs. Als **Stettins Venedig** bezeichnet man mittlerweile den Komplex von alten Industriegebäuden, vorwiegend an der *ul. Kolumba* und einigen Oderinseln gelegen. Hier sollen bald zum Beispiel das ehemalige Gaswerk oder die Alkohol- und Hefefabrik renoviert und ins Stettiner Stadtleben eingegliedert werden.

Pariser Viertel: Rund um den Plac Grunwaldzki

In der breiten *ul. Piłsudskiego* stehen einige bemerkenswerte Gründerzeithäuser mit schmiedeeisernen Balkonen, aber der Fassadenputz bröckelt hier arg. Die Straße quert den kreisrunden **Plac Grunwaldzki**, über den die Straßenbahnen rattern und die Rentner schattige Plätzchen für ihr Schachspiel finden. *Platz der Schachspieler* nennen ihn die Stettiner. Er wurde nach dem Pariser Vorbild des *Place de l´Étoile* erbaut.

Gleich acht Straßen gehen sternenförmig vom Grunwaldzki-Platz ab. Eine davon ist die schöne **Springbrunnenallee Jedności Narodowej.** Hier passiert man das mächtige **Matrosendenkmal** des Bildhauers *R. Chachulski* aus dem Jahr 1980. Der

Matrose am Steuerrad – sein Kragen flattert im Wind, sein Blick ist in die Ferne gerichtet – symbolisiert Stettins Verbundenheit zum Meer. Danach Fontänen, kanadische Linden und mehrere **Biergärten.**

Am **Plac Lotników** mit seinen schönen Magnolien steht seit 2002 das Standbild des Reiters *Bartolomeo Colleoni.* Der Reitersmann war im späten Mittelalter einer der militärischen Führer der Republik Venedig. Das Original stammt von *Andreas del Verrocchio* (1435-1488), einem Lehrer *Leonardo da Vincis.* Im Jahre 1913 wurde dem Stettiner Stadtmuseum ein Abguss des Standbilds gestiftet, nach dem Krieg kam es nach Warschau. Nun erfolgte die zweite Enthüllung auf Stettiner Boden.

Der ebenfalls runde Platz entstand zur Gründerzeit, nachdem man die

Das Matrosendenkmal erinnert an Stettins Verbundenheit mit dem Meer

Die Ul. Bogusława – Gründerzeitfassaden frisch saniert

alten Festungsanlagen geschliffen hatte. Das war nötig, weil die industrielle Revolution größere Teile der Landbevölkerung in die Städte spülte. Erst danach konnte sich die aus allen Nähten platzende Pommernmetropole richtig strecken und dehnen. Vor allem nördlich der Alt- und Innenstadt breitete sich nun die **Neustadt** aus. Sehr großzügig legte man die Plätze und Straßen an, Boulevards wie die des Barons *Haussmann* in Paris sollten nun auch das neue Stadtbild Stettins prägen. Wie man noch immer sieht ist dies, wenn auch ein Tick bescheidener, durchaus gelungen. **Pariser Quartier** heißt denn auch das Viertel mit seinen stuckgeschmückten Mietskasernen rund um den ehemaligen *Kaiser-Wilhelm-Platz*.

Bogusława-Straße C

Die *ul. Bogusława X* ist nach dem bedeutendsten pommerschen Greifenherzog benannt und gewiss eine der **schönsten Straßen Stettins**. Vor einiger Zeit hat man die stuckverzierten Gründerzeitfassaden der Bürgerhäuser hübsch renoviert und den Straßenabschnitt bis zum *Plac Zgody*, der früher Bismarckplatz hieß, zur **Fußgängerzone** (=*Deptak*) erklärt. In der Nr. 9 hat sich das *Grand Cru* (▶ Seite 91) längst zum hippen Insider-Treff gemausert. Es gehört zweifellos zu den besten Restaurants und Clubs der Stadt. Auch der *Restaurant-Club Mezzoforte* (Nr. 8) mit Disco im Keller ist beliebt. Unbedingt einen Besuch wert ist der geschmack- und liebevoll eingerichtete *Kaffee- und*

Denkmal „Tat der Polen" mit den drei aufsteigenden Adlern

Teeladen Fanaberia (▶ Seite 92). Empfehlung: Spazieren Sie gleich um die Ecke durch die **ul. Obrońców Stalingradu D**, die herrliche Kastanienallee gilt als einzigartig in Polen.

★ Am und im Park Kasprowicza **E**

Die lange Allee südlich vom Park Kasprowicza ist dem polnischen Papst *Johannes Paul II*. gewidmet, **al. Jana Pawła** heißt sie. Sie endet am Gebäude der Stadtverwaltung mit der Stettiner Philharmonie im Südflügel. Unmittelbar hinter dem Gebäude – hier sollte man den *schönen Hosaeus-Brunnen mit dem Harmonikaspieler* von 1927 beachten – erstreckt sich der große streng rechteckige Platz **Jasne Blonie im. J. Pawła II**. Die 400 Meter lange und 160 Meter breite ehemalige *Quistorpaue* ist eine gepflegte Rasenfläche, auf der Kinder Fußball spielen und dem Papst 1995 ein Denkmal gesetzt wurde – schließlich hielt er hier 1987 vor rund einer Million Gläubigen eine Messe. Umrahmt ist der Platz von imposanten Villen und fast 200 alten beeindruckenden Platanen, die wohl schon gepflanzt wurden, als der Stettiner Kommerzienrat *Johannes Quistorp* diese Grünanlage der Stadt schenkte. An seine Bedingung, die Fläche nie zu bebauen, hat man sich bis heute gehalten.

Die *Quistorpaue* geht geradewegs in den **Park Kasprowicza** über, der früher auch nach *Quistorp* benannt war. Am Parkeingang ragt realsozialistisch monströs das **Denkmal Czynu Polaków** (*Tat der Polen*) aus dem Jahre 1979 in die Höhe, das drei sich zum Flug erhebende Adler darstellt und die drei polnischen Generationen symbolisiert, die seit dem Ende des Krieges hier an der Oder heimisch wurden. Durch die hügelige Parkanlage führen gewundene Fußwege, auf denen man auch mit dem Fahrrad fahren darf. Unterwegs passiert man herrliche Baumgruppen, Blumenrabatten und – in einer Senke aufgestaut – den **Jezioro Rusałka** (*Westendsee*), über den sich eine Brücke malerisch wölbt und daher Brautpaare zum obligatorischen Hochzeitsfoto anlockt. Mittendrin schmiegt sich ein großes **Amphitheater**, das *Teatr Letni*, an einen steilen Hügel. Der 2,2 Hektar große **Botanische Garten (Ogród Dendrologiczny)** schließt sich unmittelbar an den Park an. Er stammt aus den 20er Jahren des letzten Jahrhunderts und besitzt viele seltene Baumarten.

Erst 2008 hat man im nördlichen Teil des Parks den berühmten **Rosengarten** (*Ogród Różany*) von 1928 rekonstruiert – eine einzigartige Gartenanlage mit über 9.000 Rosen in 99 Arten. Ein kleines, buntes Stück Eden auf Erden und wirklich himmlisch!

Zu **Wanderungen** – zu Fuß oder mit dem Fahrrad – empfiehlt sich der nördlich vom *Park Kasprowicza* gelegene **Eckerberger Wald (Park Leśny Arkoński)** mit einigen Seen (Endstation der Straßenbahnlinie 3, fährt unter anderem vom *Plac Rodła* ab). Auch als **Ruine** beeindruckt noch der ehemalige Quistorpturm, an dem sich mehrere Waldwege kreuzen. Auf dem Weg sollten Sie un-bedingt in der **Ausflugsgaststätte Oberza Chłopska** (▶ Seite 92) eine Pause einlegen. Die Bauernwirtschaft am Waldrand bietet vorzügliche alt-polnische Küche.

Zentralfriedhof (Cmentarz Centralny) F

Der Stettiner Hauptfriedhof entstand um das Jahr 1901 südwestlich vom Stadtzentrum. Mit seinen fast 170 Hektar Fläche ist der Gottesacker der drittgrößte in Europa. Noch größer sind nur die Friedhöfe in Wien und Hamburg.

Das **Haupttor** liegt an der brei-ten Ausfallstraße *Ku Słońcu* („Weg zur Sonne"), ehemals *Pasewalker Chaus-see*. Interessant ist hier der wieder aufgebaute Eingangsbereich mit seiner 77 Meter langen neoroma-nischen Säulenhalle. Eine Augenwei-de ist die breite **Platanenallee**, die in das weit verzweigte Wegesystem des Friedhofs führt. Angehörige dür-fen aufgrund der enormen Weite so-gar mit dem Auto bis vor die Gräber fahren! Am Ende der Allee taucht die beeindruckende und ebenfalls neo-romanische **Hauptkapelle** auf, ihr ist eine Terrassenanlage mit Was-serbecken und Fontäne vorgela-gert. Schon auf den ersten Schrit-ten wird deutlich, dass der Friedhof auch als Parkanlage konzipiert wur-de. Er besitzt zahlreiche fremdlän-dische Gehölze und Sträucher und verfügt über insgesamt 150 Baumar-ten. Unterwegs wird man mehrfach auf deutsche Gräber treffen, zum Beispiel auf die Gräber des Bürger-meisters *Hermann Haken* und des Baustadtrats *Wilhelm Meyer*. (Vom zentralen *Plac Zwycięstwa* mit der Tram Linie 8 zu erreichen, Halte-stelle *Cmentarz Centralny*.)

PRAKTISCHE TIPPS

Verbindungen

Bahn: Ab Szczecin Główny u. a. mehrmals täglich nach Berlin (Fahrzeit ca. 2 Stunden). Der (langsame) Personenzug nach Swinemünde/Misdroy benötigt mehr als zwei Stunden.
Bus: Die grünen Emilbusse fahren mehrmals täglich zum Flughafen in *Goleniów* und stündlich zwischen 7.30 und 21.40 Uhr nach Swinemün-de (Wollin-Seite), nach Misdroy und Wollin Stadt. Abfahrt: Busbahnhof PKS neben dem Hauptbahnhof.
Auto: Gut ausgebaute Schnellstraße E65 an die Küste, nach Swinemünde und Misdroy. In südlicher Richtung über Grenzübergang Pomellen zur A11 nach Berlin und zur A20 nach Lü-beck und Hamburg. Die Schnellstra-ße E28 führt bis nach Danzig.

Bewachte Parkplätze (Parkingi strzeżony) im Stadtgebiet

Ul. Wyzwolenia 44a | hinter der Supermarkt-kette „Fala", rund 200 m nördlich vom Ein-kaufszentrum „Galaxy" | Rund um die Uhr | Ein Tag 17 zł. | Tel (deutschsprachig) (+48) 607 91 99 70

Ul. Jana Matejki 18 | Parkhaus am Einkaufs-zentrum „Galaxy", ca. 200 m bis zum Hotel Radisson Blu am Plac Rodła

Informationen

Kultur- und Informationszentrum im Schloss (Centrum Informacji Kulturalnej i Turystycznej)

Stadtkarte, Infos zu Unterkünften, Restaurants, Kulturveranstaltungen, Hafen- und Stadtrundfahrten.
Ul. Korsarzy 34 | Tel (91) 489 16 30 | Tgl. 10-18 Uhr

Info-Punkt „Magnolia"

Am Hauptbahnhof. Informationen, Touristenkarte, Tickets „Unterirdisches Stettin", City Tours.
Ul. Kolumba 1 | Tel (48) 605 43 34 33 | www.stettin-erleben.de | Mo-Fr 9.30-16.30, Sa 9.30-14.30 Uhr

Info-Punkt am Oderufer

Direkt vor der Hakenterrasse. Nebenan ist die Kasse für das Tragflächenboot „Bosman Express" nach Swinemünde (75 Min. Fahrtdauer).
Ul. Jana z Kolna 7 | Tel (91) 434 04 40 | Mo-Fr 9-17 Uhr, Juni-Aug. auch Sa 9-16 Uhr

Deutsches Honorarkonsulat
Ul. Skłodowskiej-Curie 7 | Tel (91) 485 06 57/60 | www.auswaertiges-amt.de

City Card (Touristenkarte Stettin)

Ermäßigungen bei Museen (50 %), Ausstellungen, Clubs und Restaurants. Tram und Bus frei.
Ein Tag 15 zł, drei Tage 25 zł

Öffentliche Verkehrsmittel

Stettin besitzt ein umfangreiches Netz an Straßenbahnlinien (insgesamt 11) und ergänzenden Buslinien. Die wichtigsten Umsteigepunkte sind am *Plac Rodła* (Radisson Blue Hotel) und am Hafentor (*Brama Portowa*). Der Preis richtet sich nach der

Nicht zu übersehen: Polens öffentliche Briefkästen sind rot

Fahrzeit: 15 Minuten kosten 2 zł, 30 Minuten 3 zł. Die 24-Stunden-Fahrkarte kostet 9,50 zł. Im Nachtverkehr gelten die Fahrscheine zu einem erhöhten Tarif 120 Minuten. Tickets bekommt man an den Automaten und in den so genannten Ruch-Kiosken, gegen Aufschlag auch beim Fahrer.

Übernachten

Radisson Blu Hotel

Vier-Sterne-Hotel mit noblem Ambiente. Alle 369 Zimmer sind komfortabel und geschmackvoll eingerichtet. Großer Lobbybereich mit vielen Geschäften. Zwei Restaurants: *Renaissance* und *Europa* & Café mit regionaler und internationaler Küche. Schwimmbad, Sauna, Fitnesscenter, Solarium, Tiefgarage. Barrierefrei.
Plac Rodła 10 | Tel (91) 359 55 95 | www.radissonblue.com/hotel-szczecin | €€€

Park Hotel

Komfortable Zimmer, Suites und Appartements. Tolle Lage mitten im Zeromski-Park. Sehr gepflegtes, nobles Haus mit 100jähriger Geschichte. Freundliche Atmosphäre, ruhig. Spa-Bereich. Restaurant *Pod Kasztanem* mit exquisiter polnischer und italienischer Küche. Breite Palette an guten Weinen.
Ul. Plantowa 1 | Tel (91) 434 00 50 | www.parkhotel.szczecin.pl | €€€

Hotel Dana

Neues, luxuriöses Haus mit 100 eleganten und komfortablen Zimmern im Zentrum. Große Wellnesszone.
Ul. Wyzwolenia 50 | Tel (48) 502 -49 75 32 | www.hoteldana.pl | €€€

Focus

Schöne Lage in Odernähe und ne-

Blick auf die Oder und die Schiffsanleger

ben Hakenterrasse. 119 Zimmer mit 3-Sterne-Standard, reichhaltiges Frühstück.
Ul. Małopolska 23 | Tel (91) 433 05 00 | www.hotelfocus.com.pl | €€

Hotel Ibis
Zentrale Lage nahe Hauptbahnhof, 103 moderne Zimmer, Restaurant *L'Estaminet* mit polnischer und mediterraner Küche.
Ul. Dworcowa 16 | Tel (91) 480 18 00 | www.ibishotel.com | €€

Hotel Rycerski
Renoviertes Klinkersteingebäude nahe Hafentor, alle Zimmer geräumig, sauber, mit Bad, SAT-TV, Radio, Telefon. Restaurant. Üppiges Frühstück. Ruhig. Parkplatz.
Ul. Potulicka 1a | Tel (91) 488 81 64 | www.hotelrycerski.pl | €€

Ładoga
Seit 2003 ankert der ausgediente, russische Flussdampfer unterhalb der Hakenterrasse. Hier kann man im geschmackvoll eingerichteten Restaurant nicht nur bestens russisch speisen, sondern sich in den naturgemäß engen Kajüten gleich danach zur Ruhe legen. Maritim eingerichtete Taverna und Sommercafé.
Ul. Jana z Kolna | Tel (91) 434 57 00 | www.ladoga.pl | €€ | Restaurant Mo-Fr 10-23, Sa/So 12-23 Uhr, Tawerna Mo-Fr 7.30-23, Sa/So 7.30-24 Uhr

Campanile
Hotel mit 85 Zimmern nahe St. Jakobikirche. Klimaanlage, Bad, Telefon, Kabel-TV und Arbeitstisch. Restaurant.
Ul. Wyszyńskiego 30 | Tel (91) 481 77 00 | www.campanile.com.pl | €-€€

Victoria

Traditionsreiches Hotel in Bahnhofsnähe, einfache und zweckmäßige Einrichtung. Ausgezeichnete altpommersche und internationale Küche im Restaurant *Stary Szczecin* (tgl. 12-24 Uhr). Unter dem Gewölbe im Keller wird im *Nightclub Tango* (Do-So ab 19 Uhr) getanzt.
Plac Stefana Batorego 2 |
Tel (91) 434 38 55 |
www.hotelvictoria.com.pl | €-€€

Podzamcze

Rekonstruiertes Altstadt-Haus nahe Altem Rathaus mit 32 Übernachtungsplätzen. Etwas enge Zimmer. Empfehlenswertes, gemütliches Restaurant mit altpolnischen Gerichten.
Ul. Sienna 1/3 | Tel (91) 812 14 04 |
www.podzamcze.szczecin.pl | €-€€

Hotel Jachtowy

Einfaches Hotel mit sauberen Zimmern, 2 km außerhalb der Stadt Richtung Police, schöne Lage an der Oder, finnische Sauna, bewachter Parkplatz, tolle Aussichtsterrasse.
Ul. Lipowa 5 | Tel (91) 421 55 24 |
www.hotel-jachtowa.pl | €-€€

Jugendherberge
Cuma/PTSM

Dreistöckiges Haus mit Mehrbettzimmern im Norden der Stettiner Innenstadt, nahe Kasprowicz-Park, Direktverbindung mit der Tram vom und zum Hauptbahnhof, zu Fuß gut 30 Minuten bis zur Innenstadt, Fahrradverleih.
Ul. Monte Cassino 19a | Tel (91) 422 47 61 |
www.ptsm.home.pl |
Ganzjährig geöffnet, 6-23 Uhr

Am Oderufer kann man junge Bänker bei ihrer Mittagspause antreffen

Camping
🏃 PTTK-Campingplatz Marina
Schöne und saubere Anlage mit Yachthafen direkt am Dammschen See (*Jez. Dąbie*). Rund 5 km vom Stadtzentrum entfernt. Auch Holzblockhäuser, Caravanplatz. Segeln, Surfen, Golf. Kinderspielplatz. Taverne. Yachten können mit Skipper gemietet werden. Verkehrsverbindung: Direkt am Campingplatz fahren Busse zur Haltestelle der Straßenbahnlinien 7 und 8, von dort weiter in die Innenstadt. Fahrtdauer: 30 bis 40 Minuten. Barrierefrei.
Ul. Przestrzenna 23 | Tel (91) 460 11 65 | www.campingmarina.pl

Ferienwohnungen
www.szczecinapartments.eu (mit Katastrophendeutsch)
www.jmapartamenty.pl (schön, aber nur Polnisch)

Essen & Trinken
🗣 Tipp **Stary Szczecin (Alt Stettin)**
Sicherlich ist das Restaurant im Hotel Victoria eines der schönsten und wohl auch eines der besten in der Stadt. An den Wänden alte Fotos, Stiche, Zeichnungen vom alten Stettin. Vorwiegend traditionelle polnische Küche, Spezialität: Steaks vom heißen Stein.
Plac Stefana Batorego 2 | Tel (91) 433 62 30 | www.restauracja.szczecin.pl | Tgl. 12-24 Uhr

Chief
Eine der kulinarischen Top-Adressen Stettins. Hier hat man tatsächlich die Qual der Wahl, wenn man sich zwischen 50 warmen und vielen kalten Fischgerichten entscheiden muss. Ganz frisch ist der Zander vom nahen *Miedwie-See*. Preisgünstiger Mittagstisch. Direkt am Grunwaldzki-Platz.
Ul. Rayskiego 16 | Tel (91) 488 14 17 | www.chief.com.pl | Tgl. 11–23 Uhr

Chata
Berühmtes Lokal in den Kellerräumen gegenüber vom Königstor, beliebt bei Einheimischen und ausländischen Touristengruppen. Vorbestellung ist am Wochenende ratsam! Polnische Küche. An manchen Wochenenden treten polnische Folkloregruppen auf. Fr und Sa finden in den Kellergewölben ab 20 Uhr Tanzabende mit Rhythmen der 60er und 70er Jahre statt.
Plac Hołdu Pruskiego 8 | Tel (91) 488 88 81 | www.chata.szczecin.pl | So-Do 12-22, Fr/Sa 12-2 Uhr

Christopher Columbus
Komplett aus Holz gebauter, zweistöckiger Pavillon an der südlichen Flanke der Hakenterrasse. Maritime Einrichtung. Beliebter Treffpunkt vieler Stettiner und von Touristen. Von den begehrten Terrassenplätzen hat man einen tollen Ausblick auf die unten vorüber fließende Oder und die Hafenanlagen dahinter. Reichhaltiges Angebot an polnischen Suppen, Salaten, Fisch- und Fleischgerichten sowie an Cocktails.
Ul. Wały Chrobrego 1 | Tel (91) 489 34 01 | www.columbuspub.pl | So-Do 10-1, Fr und Sa 10-2 Uhr

Zamkowa

Polnische Küche, gute Fischgerichte. Im Pommernschloss (Eingang A), stilvolle Einrichtung.

Ul. Rycerska 3 | Tel (91) 434 04 48 | www.zamkowa.com.pl | Tgl. ab 10 Uhr

Colorado

Pendant zum Columbus an der nördlichen Flanke der Hakenterrasse. Terrasse mit Oderblick. Regelmäßig Livemusik.

Ul. Wały Chrobrego 1a | Tel (91) 488 19 21 | www.coloradopub.pl | So-Do 10-1, Sa/So 10-2 Uhr

Chobry

An der Freitreppe der Hakenterrasse. Schöne Sommerterrasse mit Weitblick – auf die Oder und die Hafenanlagen.

Ul. Wały Chrobrego 1a | Tel (91) 488 01 63 | www.chobrypub.pl | So-Do 10-2, Fr/Sa 10-3 Uhr

Porto Grande

Hervorragende Fischgerichte. Maritimes Ambiente. Schöne Sommerterrasse am Oderufer mit Blick auf den Hafen.

Ul. Jana z Kolna 7 | Tel (91) 434 70 18 | www.walychobrego.com/portogrande | So 12-23, Mo-Do 14-24, Fr/Sa 12-2 Uhr

Karczma Polska pod Kogutem

Als Landgasthof eingerichtet: rustikal, zünftig und gemütlich. Hervorragende polnische Küche, große Portionen.

Pl. Lotników 3 | Tel (91) 434 68 73 | www.karczmapodkogutem.pl | Mo-Do und So 11-24, Fr/Sa 11-1

Dzika Gęś

Modernes Interieur mit offener Küche, sehr gute polnische Gerichte.

Plac Orła Białego 1 (Roßmarkt) | Tel (48) 519 06 00 75 | Tgl. 11-23 Uhr

Restauracja Opera (Na Kuncu Korytarza)

Im Pommernschloss unter gotischem Gewölbe (Eingang H), eins der besten Restaurants in Stettin. Es werden vor allem polnische und pommersche Spezialitäten serviert: Wildgerichte, Fisch, Heringsspeisen, Stettiner Spezialitäten. Vorbestellung ist nach Vorstellungen der Schlossoper ratsam. Do, Fr, Sa Live-Pianomusik mit Jazzstandards.

Ul. Korsarzy 34 | Tel (91) 601 73 23 00 | www.nakuncu.pl | Tgl. 10-23 Uhr.

Stara Komenda

Verbindung von Brauerei, Restaurant und Pub in der ehemaligen Stadt-Kommandantur. Ausgezeichnetes Bier (Pils, dunkles Lagerbier und Hefeweizen), kleine Speisekarte mit altpolnischen Gerichten.

Plac Stefana Batorego 3 (nahe Rotem Rathaus) | Tel (91) 423 44 45 | www.starakomenda.pl

Bohema

Mediterrane Küche vom Feinsten: Frischer Fisch, Meeresfrüchte, Gerichte vom Neuseelandlamm, Milchkalbfleisch, auch Makkaroni und Gnocchi . Über 100 Weinsorten und Destillate. Gartenbereich.

Ul. Wojska Polskiego 67 | Tel (91) 433 22 30 | www.bohema.szczecin.pl | Mo-Fr 12-23, Sa/So 14-23 Uhr

Das Stary Szczecin lockt mit historischem Ambiente und polnischen Spezialitäten

Grand Cru

Im Keller eines renovierten Bürgerhauses in einer der schönsten Straßen der Stadt, ein wahrer Gourmettempel mit populärer Disco. Der Küchenchef kreiert feine Mittelmeergerichte. Erlesene Weine. Längster Tresen der Stadt. Stettiner Schickimicki.

Ul. Bogusława X 9 | Tel (91) 488 91 91 |
www.grand-cru.pl |
Tgl. 13–22 Uhr, Fr/Sa Disco bis 4 Uhr

Harnaś

Restaurant und Pub, im Zentrum der Altstadt, rustikale, gemütliche Einrichtung, polnische Gerichte. Große Sommerterrasse auf dem Heumarkt.

Ul. Sienna 7 | Tel (91) 813 76 55 |
www.harnas.szczecin.pl | Tgl. geöffnet

Ukraineczka

Schmackhafte Gerichte der traditionellen ukrainischen Küche, in Schlossnähe.

Ul. Panieńska 19 | Tel (48) 603 48 05 90 |
www.ukraineczka.pl

Bar Mleczny Turista

Ein gastronomisches Urgestein aus sozialistischer Zeit, das die Wendezeit überlebt hat, ein bisschen irritierend in der Übersetzung „Milchbar" heißt und äußerst preisgünstige polnische Gerichte in Selbstbedienung anbietet. Kantinenatmosphäre, aber richtig gut, überaus beliebt bei Einheimischen. Spezialität: gefüllte Pfannkuchen, *naleszniki*.

Ul. Obrońców Stalingradu 5A |
(gegenüber der Galeria Kaskada) |
Mo-Fr 7.30-18.30, Sa 8-16 Uhr

Tipp **Café 22**

Wenn man mal die Stadt und ihre grüne Umgebung von der Vogelperspektive aus 80 Metern Höhe betrachten möchte, dann macht man einen kleinen Ausflug per Lift in den 22. Stock des Pazim Centers. Der Panoramablick vom verglasten Rundturm ist betörend. Die Sicht reicht bis weit auf das Stettiner Haff. Nicht zu verachten ist aber auch die große Auswahl an erstklassigen Kuchen und kleinen Speisen. Regelmäßig Pianomusik.

Plac Rodła 8 | Tel (91) 359 52 00 |
www.cafe22.pl |
So-Do 11-23, Fr-Sa 11-24 Uhr

Pierogarnia Kaszubska

In diesem kleinen Lokal gibt es die vielleicht besten Piroggen (Pierogi) der Stadt, mit verschiedenen Füllungen (Fleisch, Buchweizen, Käse, Pilzen, Erdbeeren). Sehr günstig.

Plac Zgody 1 | www.pierogarnia.szczecin.pl |
Mo-Sa 11-19 Uhr

Jin Du

Der vielleicht beste Chinese der Stadt.

Al. Papieża Jana Pawła II. 17 |
Tel (91) 489 34 68 | www.jindu.pl |
Mo-Fr 11-22, Sa 12-23, So 12-22 Uhr

Bombay

Zählt zu den besten indischen Restaurants in Polen. Prima indische Küche nach Originalrezepten, die die Chefin Anita Agnihotri – 1973 zur Miss Indien gekürt – aus ihrer Heimat mitgebracht hat. Auch die Einrichtung ist original indisch, serviert

wird ganz authentisch in indischen Trachten. Die Gerichte werden im traditionellen indischen Lehmofen Tandoor zubereitet. Reservierung bei größeren Gruppen notwendig. Zählt zu den besten indischen Restaurants in Polen.

Ul. Partyzantów 1 | (Nähe Hafentor) |
Tel (91) 812 11 71 | www.bombay.szin.pl

Ausflugsgaststätte Oberza Chłopska

Bauernwirtschaft, uriges Pfahlhaus am Waldrand, vorzügliche altpolnische Küche.

Ul. Arkońska 28 | Tel (91) 502 64 06 61 |
www.oberzachlopska.pl | Tgl. 11-23 Uhr

Cafés

Fanaberia

Tee- und Kaffeegenuss pur! Auswahl zwischen 100 Tee- und 30 Kaffeesorten. Kunstfreundliches Ambiete mit Skulpturen, Keramik, Bildern.

Ul. Ks. Bogusława X 5 | Tel (91) 812 74 75 |
www.fanaberia.net.pl |
Mo-Sa 10-22, So 11-22 Uhr

Café Koch

Traditionsreich, eleganter Jugendstil, wunderbar Süßes, Frühstück.

Al. Wojska Polskiego 4 | Tel (91) 488 28 28 |
www.koch.com.pl | Mo-Sa 8-20 Uhr

Nachtleben & Unterhaltung

Stettin ist eine Stadt der Clubs und Discos. „Freitagsparties" ist das geflügelte Wort für die tanz- und partybegeisterte Szene. Dementsprechend breit gefächert und riesig ist das Club-Angebot, verteilt quer durch die Stadt.

Rocker Club

Eine feste Institution im Stettiner Nachtleben. Am Wochenende oft proppenvoll. Neben dem Restaurant *Bombay*, große Kellerkneipe mit Disco, im Stil der 70er Jahre eingerichtet, dämmrige Atmosphäre mit Kerzenlicht. Di und Wochenende Live-Musik, Mi Karaoke.

Ul. Partzantów 2 | Tel (91) 488 55 00 | www.rockerclub.szin.pl | Tgl. 12-5 Uhr

Lu Lu Club

Szene-Adresse in einem alten deutschen Theater- und Casinosaal von 1852. Regelmäßig Live-Konzerte.

Ul. Partzantów 2 | Tel (91) 913 42 61 | www.luluclub.pl | Fr/Sa 19-5 Uhr

Irish Pub Dublin

Kellerclub mit schier authentisch irischer Atmosphäre. Die langen Abende kreisen um Folkmusik, Guinness und Strongbow, Sa Live-Auftritte.

Ul. Kaszubska 57 | Tel (91) 434 39 41 | www.irishpub.szin.pl | Mo-Do 11-1, Fr/Sa 11-2, So 13-1 Uhr

Klub City Hall

Repertoire: Funk, Soul, Hip-Hop, Jazz, Reggae, House und Techno. Gemütliche Sofas, Lange Bar, Blue Room, keine Gesichtskontrolle, freier Eintritt für alle.

Ul. 3 Maja 18 | Tel (91) 471 16 13 | www.cityhall.pl | Do-Sa 21-5 Uhr

Hormon

Rockclub mit Bar und zwei Sälen. Große Tanzfläche, Live-Musik.

Ul. Monte Cassino 6 | Tel (91) 434 13 03 | www.hormon.pl | Tgl. 19-3 Uhr

In der Neustadt tragen viele Fassaden Jugendstilelemente

Brama Jazz Café
Kult- und Kultur-Treffpunkt des jungen Stettin, im barocken Königstor mit Galerie. Modernes Interieur: mit Terrakotta gefliester Boden, bunte Designerlampen an der Decke, verchromte Tische. Tageskarte mit kleinen Gerichten. Gelegentlich auch Live-Musik. Bester italienischer Kaffee der Stadt! Bierterrasse mit Blick auf die Kirche St. Peter und Paul.
Plac Hołdu Pruskiego 1 |
Tel (+48) 660 76 52 11 |
www.brama.szczecin.pl |
Mo-Do 10-24 Uhr, Fr/Sa 10-1, So 12-24 Uhr

Kultur & Musik

Stettiner Philharmonie (Filharmonia)
Ul. Małopolska 48 | Tel (91) 422 12 52 |
Tickets Tel (+48) 539 94 94 54 |
www.filharmonia.szczecin.pl

Schlossoper (Opera na Zamku)
Klassische Stücke aus Oper, Operette, Musical, sehr beliebt und oft voll.
Ul. Korsazy 34 |
Tel (91) 488 83 33 (Reservierung) |
www.opera.szczecin.pl

Trafo
Neues Zentrum für zeitgenössische Kunst. In einem restaurierten Transformatorengebäude von 1912, im Zentrum nahe der Oder. Bar mit Dachterrasse, Café.
Ul. Sw. Ducha 4 | Tel (91) 400 00 49 |
www.trafo.org | Di-So 11-19 Uhr

Theater

Puppentheater Lalek Pleciuga
Das einzige Puppentheater der Wojwodschaft Westpommern. Gilt als eines der besten Polens, bereits 1953 gegründet. Das angegliederte Café hat tgl. von 9-23 Uhr geöffnet.
Ul. Plac Teatralny 1 | Tel (91) 433 58 04 |
www.pleciuga.pl

Krypta-Theater
Im Schloss, in der ehemaligen Totengruft der Greifendynastie. Kammer- und sonntägliche Mittagskonzerte, Theatervorführungen für Kinder im Schlosskeller *Piwnica przy Krypcie.*
Tel (91) 434 78 35 | www.zamek.szczecin.pl

Einkaufen

Die Hauptgeschäftsstraße der Stadt ist die **Al. Niepodległości**. Sie liegt am Rande der Neustadt zur Altstadt und zwischen den beiden großen Plätzen *Plac Portowa* und *Plac Przyjaciół Zołnierza.*

Galeria Kaskada
Modernes Einkaufszentrum mit mehr als 140 Geschäften, Cafés und Restaurants. Neben international bekannten Firmen sind auch polnische Modelabels vertreten.
Al. Niepodleglości 36 | Tel (91) 810 28 00 |
www.galeria-kaskada.pl |
Mo-Sa 9-21, So 10-20 Uhr

Einkaufscenter Galaxy
Die riesige Palette des Angebots reicht von Mode über Kosmetik, Gesundheit, Sport, Delikatessen, Geschenke bis zu Multimedia, Gastronomie, Supermarkt, Kino. Nahe Pazim Center.
Al. Wyzwolenia 18/20 |
www.galaxy-centrum.pl |
Mo-Sa 9-21 Uhr, So 10-20 Uhr

Die futuristische Fassade der Philharmonie nahe beim Königstor ist ein Blickfang

Cepelia

Das Geschäft hat eine große Auswahl an polnischer Volkskunst: Keramik, Porzellane, Puppen in allen Größen, auch Gemälde, Holzarbeiten und Souvenirs.

Plac Żolnierza 10 |
Mo-Fr 10-18 Uhr, Sa 10-14 Uhr

Antyki Bukowski

Im Keller eines Bürgerhauses aus der Gründerzeit. Anspruchsvolle Antiquitäten.

Plac Grunwaldzki | Tel (91) 433 77 61 |
www.antykibukowski.pl |
Mo-Fr 11-18, Sa 11-15 Uhr

Turzyn

Großer traditioneller Lebensmittel-, Textil- und Trödelmarkt im Stadtteil Turzyn.

Al. Boh. Warszawy 42 | (Straßenbahnlinie 5
vom Plac Grunwaldzki aus) |
Tel (91) 464 64 63 |
Mo-Sa 9-21, So 9-20 Uhr, im Winter bis zur
Dämmerung

24 h Supermarkt:
Palladium S.J. Supersam

Ul. 5-go Lipca 46 | (westlich vom pl. Grunwaldzki)

Aktivitäten
Fahrradverleih

In den letzten Jahren wurde damit begonnen, ein Radwegenetz in der Stadt aufzubauen. Das ist schon ganz gut gelungen. Auch außerhalb des Stadtzentrums, zum Beispiel zwischen dem Kasprowicza-Park und dem Głębokie-See im Norden Stettins. An 33 Radstationen in

der Stadt kann man Räder per Handy, Login und Pin Code ausleihen – an den markanten Plätzen wie etwa dem Roßmarkt, dem Plac Grunwaldzki, an der Philharmonie, am Schloss oder am Hauptbahnhof.
Tel (91) 831 27 77 | www.bikes-srm.pl

Oderschifffahrt

Einstündige Hafenrundfahrten.
Ul. Jana z Kolna | (unterhalb der Hakenterrasse) | www.statki.net.pl |
Mai-Aug. tgl. 11, 13, 15, 17 Uhr, Apr., Sept., Okt. nur 12 und 15 Uhr | Erwachsene 22 zł, erm. 17 zł, Familienkarte 54 zł

Experimentarium Eureka

Einzigartige und originelle Ausstellung von interaktiven Versuchen, die Lernen und Spaß verbinden und auf diese Weise das Interesse und den Forschersinn fördern. Für Kinder und Erwachsene gleichermaßen interessant.
Ul. Malczewskiego 10 |
www.eureka.univ.szczecin.pl
Mo-Fr 10-16, Sa/So 11-16 Uhr |

Unterirdisches Stettin

Zwei Routen führen unter dem Bahnhof durch einen 1 km langen Luftschutzbunker aus dem Zweiten Weltkrieg. Führung in deutscher Sprache oder per Audioguide. Warme Kleidung nötig!
Achtung: Bis voraussichtlich Oktober 2015 geschlossen!
Lage: Hauptbahnhof Stettin, rote Tür am Gleis 3 | Ul. Kolumba 1/6 | Büro neben dem Hauptbahnhof | Tel (91) 434 08 01 |
www.schron.szczecin.pl |
Tour 1: Der Zweite Weltkrieg, jeden Sa 12 Uhr | Tour 2: Der Kalte Krieg, Sa 13 Uhr |
Dauer jeweils rund eine Stunde

Von der Hakenterrasse lassen sich die Ausflugsdampfer gut beobachten

Starka-Keller

Einzigartiges Kellersystem mit mehreren Ebenen, fast 150 Jahre alt. Damals gehörte die bis zu 50 Meter tiefe Anlage der Brauerei Hermann Koch. Seit 1946 reifen hier in alten Eichenfässern Millionen von Litern des berühmten und sehr edlen Roggenwodkas Starka. Das größte Fass hat Platz für 40.000 Liter dieses goldbraunen „Wässerchens". Besuchergruppen (10-50 Personen) können den Keller mit vorheriger Anmeldung besichtigen.
Ul. Jagiellońska 63/64 | Tel (91) 484 42 26 | www.starka.pl

Kletterpark Tarzania
Im Freibad am Glambecksee (Jez.Głębokie) | Ul. Zegadłowicza 1 | Tel (91) 796 07 11 55 | www.tarzania.pl

Stettin aus der Vogelperspektive
Am Park Kasprowicza mit dem Heißluftballon in die Luft gehen, von Sonnenaufgang bis Sonnenuntergang. Auch Nachtflüge möglich. Rund zehn Minuten Flugzeit.
www.flyhigh.szczecin.pl

Binowo Park Golf Club
Binowo 62 | Tel (91) 404 15 33 | www.binowopark.pl

Schwimmen
Freibad Arkonka
Vielleicht Stettins schönstes Freibad. Es liegt mitten im Wald.
Ul. Arkońska | Tel (91) 487 55 95

Freibad Głębokie
Am Glambecksee, nordöstlicher

Stadtrand. Sandstrand, Grillplatz, Gastronomie. Oft sehr voll.
Ul. Zegadłowicza 1 | Tel (91) 452 63 29

Freibad Dąbie
Am Dammschen See, nordwestlich des Stadtzentrums.
Ul. Zaglowa 1 | Tel (91) 460 06 56

Freibad Dziewoklicz
Südlich des Stadtzentrums, zwischen Oder und dem Kanał Leśny. Volleyballfeld, Grillplatz, Gastronomie, Kajakverleih. Kinderfreundlich, manchmal überfüllt.
Ul. Autostrada Poznańska | Tel (91) 461 20 83 | Sommer 10-20 Uhr

Galerien
Städtische Kunstgalerie & Kulturhaus 13 Musen (Miejska Galeria Sztuki 13 Muz)
Plac Żołnierza Polskiego 2 | Tel (91) 434 71 73 | www.klub13muz.pl und www.13muz.eu

Galeria Kapitańska
Kellergalerie. Moderne polnische Malerei, Fotoausstellungen, Lesebühne. Interessant.
Ul. Kapitańska | (nördlich der Hakenterrasse) | Tel (91) 480 61 01 | www.galeriakapitanska.pl

Museen
Die Sammlungen des **Stettiner Nationalmuseums (Muzeum Narodowe)** sind in fünf Gebäuden untergebracht. Die Bestände stützen sich zum einen auf Objekte aus der deutschen Vorkriegszeit, zum anderen wird weiter fleißig gesammelt, in-

dem verstreute historische Gegen-
stände aus der Region zusammen-
geführt werden.

*Öffnungszeiten für alle fünf Häuser: Di/Mi/
Sa 10-18 Uhr, Do 10-20, So 10-16 Uhr, Mo/
Fr geschlossen | Eintritt 15 zł für alle Häuser,
erm. 5 zł, jeden Sa freier Eintritt |
www.muzeum.szczecin.pl*

**via Tipp Meeresmuseum
(Muzeum Morskie)**

Themenschwerpunkte des Hauptge-
bäudes des Nationalmuseums sind
die Geschichte der Ostseeschifffahrt
im 13. und 14. Jahrhundert, die Geschichte der pommerschen Münze
vom 12. bis zum 19. Jahrhundert,
Szczecin und das Meer im 20. Jahrhundert und eine Sammlung maritimer Gemälde. Dazu sind zwei origi-
nale slawische Segelschiffe aus der
Mitte des 12. Jahrhunderts zu bewundern. Außerdem eine Abteilung
für außereuropäische Kulturen und
eine bedeutende Sammlung von Repliken antiker Bronzestatuen. Auch
beachtenswert: das sehr stilvolle Art-
Deco-Interieur des Museums. Aussichtsplattform.

*Waty Chrobrego 3 | Hakenterrasse |
Tel (91) 431 52 16*

**Nationalmuseum Abteilung Alte
Kunst (Muzeum Narodowe Dział
Sztuki Dawnej)**

Im barocken Palast des ehemaligen
preußischen Landtags. Die ständigen Ausstellungen informieren
über pommersche Sakralkunst im 16.
und 17. Jahrhundert, künstlerisches
Handwerk im 18. und 19. Jahrhundert, gotische Kunst vom 14. bis 16.

Jahrhundert und vor allem über das
Mäzenatentum der westpommerschen Herzöge für die Künste.

Ul. Staromłyńska 27 | Tel (91) 431 52 00

**Historisches Stadtmuseum
(Muzeum Historii Miasta)**

Die Ausstellung im Alten Rathaus informiert ausgiebig und zweisprachig
über die mehr als 1000jährige Geschichte der Stadt.

Ul. Mściwoja 8 | Tel (91) 431 52 55

**Galerie Zeitgenössischer Kunst
(Galeria Sztuki Współczesnej)**

In der ehemaligen Generalkomman-
dantur der Stettiner Garnison sind
hauptsächlich Gemälde polnischer
Künstler aus der Zeit zwischen 1918
und 1939 zu sehen, unter anderem
von *Pankiewicz*, *Makowski* und *Olga
Boznańska*.

Ul. Staromłyńska 1 | Tel (91) 431 52 36

Centrum Dialogu „Przełomy"

Abteilung des Nationalmuseums.

*Plac Solidarności | (gegenüber der neuen
Philharmonie) | Tel (91) 431 52 58*

**Museum für Technik & Kommunikation
(Muzeum Techniki I Komunikacji)**

Ausstellungen in der alten Straßen-
bahnremise: Geschichte des Stettiner Verkehrswesens, Stettiner Moto-
risierung 1919-1967, Polnische Pro-
totypen, Autos und Zweiräder der
Volksrepublik Polen.

*Ul. Niemierzynska 18a |
Kunstdepot Szczecin | Tel (91) 459 92 01 |
www.muzeumtechniki.eu |
Di-So ab 10, Di bis 15, Mi/Do/So bis 16,
Fr/Sa bis 18 Uhr | Eintritt 10 zł, erm. 5 zł*

Jede Menge frisches Obst und Gemüse

Schlossmuseum (Muzeum Zamkowe)
Ständige Ausstellung über die **Geschichte des Schlosses** mit zahlreichen Fotos aus der Vorkriegszeit und archäologischen Funden.
Ul. Korsarzy 34 | Tel (91) 433 88 41 | Di-So 10-18 Uhr | Eintritt 6 zł (mit Zugang zum Aussichtsturm)

Feste & Veranstaltungen
April
Kontrapunkt – Festival der kleinen Theaterformen.

Mai
Langes Wochenende im Schloss der Pommernherzöge (Tag der offenen Tür mit kulturellen Veranstaltungen).

Mai
Picknick an der Oder, *Piknik nad Odra*, an der Hakenterrasse mit Prä-

sentationen zu Wassersport und Touristik sowie Schlemmerständen und Shantyveranstaltungen.

Ende Juni/Anfang Juli
Seetage, *Dni Morza*, mit Schiffsparade, Regatten, Jahrmarkt, Konzerten und Theatervorführungen.

Ende Juni bis Anfang September
Theater- und Musiksommer im Schloss mit zahlreichen Freilichtkonzerten.

Ende August
Internationales Festival der Straßenkünstler.

Dezember
Weihnachtsmarkt im Schlosshof.

Land um Stettin

Nach Norden zum Haff

Mit dem Auto geht es zunächst die Oder entlang. Graue Industrievororte folgen, die Fassaden der Mietshäuser bröckeln beträchtlich. Hier wohnt nicht der Reichtum. Ganz anders die Eindrücke ein paar Kilometer weiter, wenn man in die großartige, grüne Ueckermünder Heide einfährt. Jetzt könnte man den Ausflug auch mit dem Rad wunderbar fortsetzen.

Ausgangspunkt ist die Straße *Jana z Kolna* unterhalb der Hakenterrasse. Zunächst passiert man ein altes Industriegebiet mit Werftanlagen am Oderufer. Auf einem ehemaligen Weinberg hoch über der Oder und im Vorort *Gocław* (Gotzlow) steht am Steilabfall der Warsower Höhen der **Bismarckturm**, *Wieża Bismarcka* – 1913 als monumentales Denkmal für den „Eisernen Kanzler" gebaut. Ein Waldweg schlängelt sich nach oben, zu deutscher Zeit stand da ein be-

Die nahe Umgebung von Stettin hat einiges zu bieten

liebtes Ausflugslokal. Heute steht der gewaltige und unter Denkmalschutz stehende Turm zum Verkauf.

Pölitz, das heutige *Police*, bekam 1260 das Magdeburgische Stadtrecht und hat gewiss schon bessere Tage erlebt. Am Marktplatz steht die spätgotische Marienkapelle als trauriger Rest der einstigen Hallenkirche. Die Schutzpatronin der Hafenstadt Stettin, die *Sedina*, hat man hier in einem kleinen Park, modern und sehr naturalistisch mit üppigen Formen verewigt. In diesem Stettiner Vorort beschlossen die Nazis 1939 den Bau eines kriegswichtigen **Hydrierwerks**, um aus einheimischer Koh-

le Benzin, vor allem Flugbenzin herzustellen. Die Anlagen wurden nach dem Krieg in die Sowjetunion abtransportiert.

Schöner ist nördlich davon die Ortschaft **Trzebież**, früher hieß sie Ziegenort. Wir sind also mittlerweile im Grünen könnte man vermuten, doch der alte Ortsname leitet sich von *Zegen* ab, was „kleine Fische" bedeutet. Die Oder hat hier schon einen dicken Bauch angesetzt und sich zu einer Art Vorhaff, *Roztoka Odrzańska*, verbreitert. Die Kirche des alten Fischerorts ist barock und schlicht, einige Fassaden der Häuser sind neuklassizistisch geschmückt. Im **Fischer-**

hafen liegen mehrere gelbe Kutter, mit denen die Fischer hinaus ins Haff fahren. Es gibt hier aber auch, man mag es kaum glauben, eins der größten **Seglerzentren** Polens.

Die Wojwodschaftstraße 114 führt nun in das 25.000 Hektar große Waldgebiet der **Ueckermünder Heide, Puszcza Wkrzańska.** Der Heideboden wimmelt im Sommer geradezu von süßen Wald- und Heidelbeeren. Und im Frühherbst sprießen Pfifferlinge und Steinpilze wie Spargel aus der Erde. Am besten ein Körbchen in die Hand nehmen und rein in den Wald! Kinder und Frauen sitzen auf Kisten am Straßenrand und bieten Gläser mit den „Waldfrüchten" den vorbeifahrenden Fremden an.

Wenn die Straße im Norden dieser bewaldeten Landzunge endet, hat man **Nowe Warpno**, ehemals *Neuwarp*, erreicht. In den Jahren vor dem EU-Beitritt Polens waren es fast schon Touristenmassen, die hier mit der Fähre wegen des zollfreien Einkaufs zwischen dem deutschen Altwarp und dem polnischen *Nowe Warpno* pendelten. Nun ist alles viel ruhiger geworden. Aber seit 2011 tuckert immerhin wieder ein **Fischkutter aus Altwarp** über den Neuwarpner See und legt in den Sommermonaten dreimal täglich außer Mo und Di im polnischen Grenzort *Nowe Warpno* an.

Mai-Okt. Abfahrt in Altwarp um 10, 11.45 und 17.30 Uhr | Fahrzeit 15 Minuten | 3 Euro | Info-Tel (039773) 202 66

Die kleine Ortschaft war zu grenzenlosen Zeiten vor dem Krieg noch ein wohlhabender Fischer- und Schifferort. Das ist ihm heute kaum noch anzumerken. Es gibt nur eine Stra-

Großes Seglerzentrum in Trzebież

ße und einen Platz. Und der ist sehr schön. In seiner Mitte steht das **Fach-werk-Rathaus** mit einem offenen Glockenturm, 1697 erbaut. Und schon ganz nah´ am Wasser des Schilf umsäumten Haffs sowie des **Neu-warper Sees** (Jez. Nowowarpeńskie) lugt der neugotische Turm der spät-gotischen **Kirche** über die Dächer der zweistöckigen Häuser. Auf denen sit-zen in engem Reih´ und Glied und zu Aberdutzenden die Möwen, die krei-schend aufsteigen, sobald wieder mal der Kutter aus Altwarp eintrifft.

Eine alternative Strecke führt ebenfalls durch die Ueckermün-der Heide zurück nach Stettin. Kurz nach der Ortschaft *Karzno* muss man rechts abfahren. Der Forst be-steht hauptsächlich aus Nadelbäu-men, hier und da sieht man auch Ei-chen, Birken, Buchen und Erlen. Es gibt Nistplätze von See-, Fisch- und Schreiadlern sowie von Weihen. Im Vogelschutzreservat *Swidwie* am gleichnamigen See leben über 200 Wasser- und Sumpfvögelarten. Die beerenreiche *Puszcza* eignet sich bestens zu Spaziergängen, Wande-rungen und Fahrradtouren.

Myślibórz Wlk. (Klein Mützel-burg), *Dobieszczyn* (Entepol) und *Stolec* (Stolzenburg) heißen die Dör-fer direkt an der deutsch-polnischen Grenze. Barock ist die Kirche in *Stolec*, barock auch noch das schöne Kirch-hofsportal, und barock war auch das *Schloss Nassenheide*, bevor man es umbaute. Es gehörte im 18. Jahrhun-dert General *Otto von Lepell* und war mit kostbaren italienischen Kunst-werken ausgestattet. 1872 ging es

kurzzeitig in den Besitz der Familie *von Arnim* über, bis *Bismarck* den Gra-fen und Botschafter *Harry von Arnim-Suckow* auf dem Schloss verhaften ließ, weil der gegen ihn zu intrigie-ren versuchte. Südlich dieser grenz-nahen Gegend ist plötzlich Schluss mit Barock. Die spätgotischen Got-teshäuser dieser Dörfer stammen of-fensichtlich noch aus der mittelalter-lichen Kolonistenzeit. Alle Wege füh-ren jetzt nach Stettin.

**Seglerzentrum
(Centralny Ośrodek Zeglarstwa)**
Marina, Segelschule, Chartermög-lichkeiten, Strand.
*Ul. Rybacka 26 | 72-020 Trzebież |
Tel (91) 312 82 94 | www.coz.com.pl*

Hotel-Restaurant Portowa
Einfach und sauber. Restaurant mit guten Fischgerichten, lauschige, grü-ne Gartenterrasse.
*Ul. Portowa 28 | 72-020 Trzebież |
Tel (91) 312 82 53 | www.hotelportowa.pl*

Geschichtsmuseum Hydrierwerk Pölitz „Skarb"
Besichtigung des Geländes und ehe-maliger, heute weitgehend ruinöser Fabrikgebäude des Hydrierwerks.
*Ul. Spółdzielcza 31 | 72-010 Police |
www.skarb.police.pl | Besichtigung Sa 13 Uhr*

Fährverbindung
Sommerlicher Fährverkehr mehr-mals tgl. zwischen dem polnischen Nowe Warpno und dem deutschen Altwarp (Fahrtdauer 50 Minuten).

Der Dammsche See (Jezioro Dąbie)

Der bis zu 15 km lange und bis zu vier km breite See ist mit seinen 56 qkm Fläche der viertgrößte See in Polen. Auch ihn formte die letzte Eiszeit. Der typische Deltasee im Oderbecken ist weitgehend seicht, meist nur um die drei m tief. Der See bietet deshalb perfekte Bademöglichkeiten für Kinder. Das südliche Ufer, wo am Vorort *Dąbie* (Altdamm) die *Płonia* (Plöne) in den See mündet, ist ein beliebtes Erholungsgebiet mit Badestrand, Marina, Campingplatz und Yachtclubs (▶ Seite 89).

Anfahrt: Vom Zentrum mit dem Nahverkehrszug bis Bahnhof *Szczecin-Dąbie.*

Smaragdsee (Jezioro Smaragdowe)

Im nördlichen Teil des Stettiner Landschaftsparks **Buchheide** (▶ Seite 15) entstand aus dem ehemaligen Kreideabbau in den 1920er Jahren der um die 20 Meter tiefe, sehr malerische **Smaragdsee**. Seine charakteristischen Farben gaben ihm den Namen. Er hieß aber ursprünglich *Hertase*, doch damals vor 1945 leuchtete er schon genauso smaragdgrün wie heute. Um den See herum verläuft ein schöner sechs Kilometer langer **Fuß- und Radweg**. Baden ist allerdings verboten.

Anfahrt: mit dem Stadtbus A oder dem Nahverkehrszug.

Der „schiefe Wald" (Krzywy Las)

In diesem Wäldchen in Nowe Czarnowo bei **Gryfino**, etwa 20 Kilometer südlich von Stettin, stehen um die 100 alte Kiefern, die allesamt fast ab dem Boden in einem nach Norden ausgerichteten Bogen gewachsen sind. Das sieht sehr seltsam und urkomisch aus. Bisher wurden noch keine handfesten Gründe dafür gefunden.

Stargard in Pommern (Stargard Szczeciński)

Im späten Mittelalter führt ein wichtiger Handelsweg von Stettin nach Hinterpommern über Stargard, rund 30 Kilometer östlich der Odermetropole. Mit dem Beitritt zur Hanse 1361 entwickelt sich die Stadt an der *Ihna* zu einem reichen Getreideumschlagsplatz und wird vorübergehend sogar zu einem ernsthaften Konkurrenten Stettins.

Mittelalterliche Türme, Tore und eine sehr gut erhaltene mittelalterliche Stadtbefestigung sowie mehrere schicke Bürgerhäuser im Renaissance- und Barockstil künden noch heute vom ehemaligen Reichtum. Am Rande des quadratischen Marktplatzes ragt der Nordturm der **Marienkirche** 84 Meter in den Himmel. Im Jahre 1292 begonnen, wuchs das gotische Gotteshaus im 14. und 15. Jahrhundert zu kolossaler Größe. Noch höher ist der Turm der spätgotischen **Johanniskirche** mit seinen

Mittelalterlicher Charme: das Pfarrhaus und die Marienkirche aus rotem Backstein

99 Metern. Schönster Profanbau der 70.000-Einwohner-Stadt ist das **Renaissance-Rathaus** aus dem 16. Jahrhundert mit filigranem Maßwerkschmuck an der Eingangsfassade.

Anfahrt: Mit dem Auto von Stettin über die Nationalstraße 10. Mit dem Zug vom Hauptbahnhof Stettin stündlich.

Übernachten

Hotel-Restaurant Spichlerz

Im Zentrum der Stadt, 46 komfortable Zimmer in historischem Gebäude. Sehr stilvolles Restaurant.
Ul. Czarnieckiego 10 | Tel (91) 578 61 12 | www.spichlerz.eu | €€

Hotel Pałac Maciejewo (Matzdorf)

Schlafen wie die Grafen: Rund 30 Kilometer nördlich von Stargard liegt eine der wohl schönsten Residenzen Nordpolens. Der herrlich restaurierte Palast liegt malerisch oberhalb des von Wald umsäumten *Lechikie-Sees*. Restaurant mit hervorragender polnischer Küche. Eigener Sandstrand, Sauna, Schwimmhalle, Fitnessraum, Boots- und Fahrradverleih.
Pałac Maciejewo | Tel (91) 418 12 85 | www.palacmaciejewo.pl | €€-€€€

Museum in Stargard

Museum für Archäologie & Geschichte

In zwei Gebäuden wird über die wechselhafte Geschichte der Stadt informiert: Der Hauptsitz ist am Marktplatz, Rynek Staromiejski 2-4. Die Bastei aus dem 16. Jahrhundert beherbergt eine hochinteressante, multimediale Ausstellung.
Park Piastowski 1 | Tel (91) 577 25 56 | www.muzeum-stargard.pl

Swinemünde

Highlights in Swinemünde

★ **Mühlenbake:** Fotogenes Wahrzeichen der Stadt

★ **Preußische Fortanlagen:** Orte der Geschichte

Schon ihre Lage ist einzigartig. Die polnische Hafenstadt *Świnoujście* (gesprochen *schwi no ujchtsche*) an der Swinemündung mit ihren rund 41.000 Einwohnern liegt auf drei Inseln: Der größte und touristisch interessanteste Teil liegt auf dem östlichen Zipfel der Insel Usedom (*Wyspa Uznam*), das Hafen- und Industriegebiet auf der nordwestlichen Ecke der Insel Wollin (*Wyspa Wolin*) und das eingemeindete und betörend schöne Kaseburg (*Karsibór*) auf der gleichnamigen Insel südöstlich der Stadt.

Brücken über die Swine gibt´s im Stadtgebiet nicht, dafür pendeln Tag und Nacht zwei Fähren kostenlos über den nahe der Mündung rund 300 m breiten Fluss. Die knapp 20 km lange Swine (*Świna*) ist der größte schiffbare Mündungsarm der Oder in die Ostsee. Im weiten Swinedelta liegen noch weitere 41 Inseln, die sind aber für die vielen Vögel reserviert.

Swinemünde ist mit schier unglaublichen 197 qkm Fläche eine außergewöhnlich weitläufige Stadt (zum Vergleich: die Pariser Innenstadt hat gerade mal 105 qkm!). Der erste Eindruck des von Westen ankommenden Besuchers wird notgedrungen geprägt von wenig anheimelnden Platte-Hochhäusern sozialistischer Prägung am Stadtrand, von breiten Verkehrstangenten, die die Nachkriegsbebauung schnurgerade durchziehen und vom Grenzbazar, der fast bis ins Zentrum dringt. Keine Spur von rauschendem Meer, Hafenidylle und Bäderarchitektur. Liebe auf den ersten Blick ist – auch hier – eher selten. Die überaus **grüne Stadt** will entdeckt, erlaufen oder erradelt werden. Dann tun sich interessante Plätze auf, man flaniert an noblen Gebäuden aus der vorletzten Jahrhundertwende mit bemerkenswerten Jugendstil- und klassizistischen Fassaden vorbei, man wandert über entlegene Pfade in Flussnähe, findet verborgene und lauschige Ecken, die man hier nie vermutet hätte. Apropos grüne Stadt: Ein Blick auf die Stadtkarte zeigt, dass es neben dem Kurpark noch mehrere weitere Parkanlagen und Waldgebiete gibt, Nadelwald in Strandnähe, Laub- oder Mischwald dahinter. Auffällig ist die sehr hohe Zahl an **Eiben** im Stadtgebiet. Die stark gefährdete und immergrüne Kulturpflanze mit den charakteristischen roten „Früchten" im Herbst schmückt hier Vorgärten, Parks, Straßen, die Strandpromenade und nicht selten – im Dop-

Die historische Mühlenbake steht auf der Westmole

STECKBRIEF Swinemünde

Gründung: Schutzburg Ende des 12. Jahrhunderts, Stadtrechte seit 1765
Verwaltung: Gehört zur Woiwodschaft Westpommern (*Zachodnio-pomorskie*)
Einwohner: Ca. 41.500
Telefon-Vorwahlen: Polen (0048), Vorwahl Swinemünde (0) 91
Fläche: 197,2 qkm

Geografische Lage: An der Mündung der Swine in die Ostsee
Grenzübergänge: Bei Ahlbeck (B111) und bei Garz (B 110)
Wirtschaft: Tourismus, Fischerei- und Handelshafen, Gazoport (seit 2010 im Aufbau, soll 2016 fertig gestellt sein)
Arbeitslosenquote: 5,9 % (Stand 2014, die niedrigste Quote in ganz Westpommern)

pelpack – auch die Eingänge zu den herrschaftlichen Gebäuden.

Das bis zum Zweiten Weltkrieg bedeutendste deutsche Ostseebad ist heute neben *Kolberg* das größte **Kurbad** Polens. Viele Kurgäste kommen aus Deutschland hierher, wegen der heilenden Anwendungen mit Moor- und Solebädern sowie der extrem jodhaltigen Luft, dem gesundheitsfördernden Mikroklima. Aber auch für deutsche Sommerurlauber, nicht zuletzt für Familien mit Kindern, wird das alte Weltbad an der Pommerschen Bucht schon aufgrund des fast unschlagbar-günstigen Preis-Leistungs-Verhältnisses von Jahr zu Jahr beliebter. Sicherlich ist der **Strand** des Seebads das große natürliche Pfund, mit dem die Stadt gerne wuchert. Denn nirgends am Baltischen Meer ist der fast weiße Sand feinkörniger, nirgends an der polnischen Ostseeküste ist der Strand breiter. Das Wasser ist im Uferbereich ausgesprochen seicht, also nicht ge-

rade schwimm-, dafür aber enorm kinderfreundlich. Die breite **Promenade** am liebevoll renovierten **alten Kurviertel** hat sich in den letzten hundert Jahren wegen des ständig angeschwemmten Sandes schon um einen recht weiten Steinwurf vom Strand entfernt. Allerdings hat der Boulevard in östlicher Richtung zugelegt. Da ist mittlerweile ein **neues Kurviertel** aus dem sandigen Boden hochgezogen worden, mit attraktiven Häusern, die die Vorkriegsarchitektur auf gelungene Weise aufgreifen, vielen Restaurants, Cafés, Hotels, Sanatorien, Ferienwohnungen und Geschäften. Ein Hauch von Ostsee-Mondäne, im Sommer stets belebt, bis weit in die Nacht pulsiert hier das Leben. Vielleicht fehlt Swinemünde die schicke Noblesse und Eleganz der nahen deutschen Kaiserbäder Ahlbeck, Heringsdorf und Bansin, aber das älteste Kaiserbad ist dafür weitaus lebhafter und viel quirliger. Seit 2011 ist das polnische Seebad mit seinen doch ein bisschen piefig-steifen Usedomer Schwestern durch eine zwölf Kilometer lange **grenz-überschreitende Promenade** mit Radelweg verbunden. Die östlichen Seebäder Usedoms rücken wieder enger zusammen.

Blick zurück in die Geschichte

Es ist ihre bedeutende strategische Lage, die über die vielen Jahrhunderte die Geschichte der Stadt an der Swinemündung schreibt. Ab 1181 werden an dieser Stelle **Schutzburgen und Festungen** errichtet, die größten und massivsten von den Preußen in der Mitte des 19. Jahrhunderts. Im 18. Jahrhundert wird die Beherrschung der Oderschifffahrt und die Schiffsroute von der Ostsee nach Stettin zum großen Zankapfel zwischen Schweden und Preußen. Nach dem Nordischen Krieg muss Schweden 1720 zwar Teile von Usedom an die Preußen abgeben, der Schiffsverkehr von und nach Stettin verläuft aber weiterhin über den schwedisch kontrollierten westlichen Mündungsarm der Oder, über die Peene. Die Preußen müssen hohe Zölle für die Durchfahrt ihrer Schiffe berappen.

Ab 1729 lässt der preußische König *Friedrich Wilhelm I.* zur Umgehung dieser Zölle die Swine ausbaggern, um sie schiffbar zu machen. Sein Sohn *Friedrich II.* führt das Projekt weiter, lässt einen preußischen **Hafen** anlegen und gründet **1765** die **Stadt Swinemünde**. Die neue Stadt entwickelt sich bald zum Vorhafen von Stettin und Berlin. Erst

Swinemünde um 1900

nach 1880 können auch große Seeschiffe direkt bis nach Stettin fahren - durch die neu gebaute Schifffahrtsrinne zwischen Haff und Ostsee, die so genannte **Kaiserfahrt**, seit 1945 heißt sie *Kanał Piastowski*.

Die **erste offizielle Badesaison** in Swinemünde wird **1824** eröffnet. Es ist die erste eines pommerschen Ostseebades. Die meisten Badegäste kommen schon damals aus Berlin und aus Stettin. Ihre Anzahl ist aber noch sehr überschaubar, 1825 werden gerade mal 389 Gäste gezählt. Die Sommerfrische können sich fast nur Prinzen und Prinzessinnen, hohe Militärs, Bankiers, Gutsbesitzer und Künstler von Ruf leisten. Die Anreise der illustren Gästeschar – zusammen mit ihren Dienern und Kindermädchen – ist äußerst beschwerlich. Gut 16 lange Stunden benötigt

die Postkutsche von der Spreemetropole aus. Der Strand ist in dieser Zeit streng puritanisch und preußisch-korrekt in fünf hoch eingezäunte Bereiche eingeteilt: In der Mitte liegen das Damen-, das Familien- und das Herrenbad für die auswärtigen, zahlenden Badegäste, am östlichen Rand ist die Badestelle für die männlichen Einwohner, am westlichen Rand die Badestelle für die einheimische holde Weiblichkeit, wo es stets am vergnüglichsten zugegangen sein soll. Viele Badewillige lassen sich schamhaft in weiße Tempelherrenmäntel gehüllt mit geschlossenen Badekutschen auf 4 Rädern in die See hinein schieben. Ausgestiegen wird, wenn eine gewisse Wassertiefe erreicht ist.

Große Konkurrenz bekommt Swinemünde schon bald von den

Durch die Swinemündung gelangen die Schiffe in die Ostsee

neu gegründeten Bädern Herings-dorf (1825), Misdroy (1835) und Kolberg (1832). Die 1843 eröffnete Bahnstrecke von Berlin nach Stettin halbiert die Reisezeit, doch die mehrstündige Seefahrt über das Stettiner Haff soll nicht immer lustig gewesen sein. Erst 1876 rollen die ersten Züge aus der Reichshauptstadt an, nur noch knappe 3 Stunden sind die Urlauber nun unterwegs. Im Jahre **1895** entdeckt man Solequellen und Heilschlamm. Die Stadt entwickelt sich schnell zum piekfeinen **Kurort** von internationalem Rang, wo (bis heute) Krankheiten der Atemwege, Allergien und Herzleiden kuriert werden. Die Zahl der Badegäste steigt rasant an, als zur Jahrhundertwende ganz strandnah rund 300 noble Gebäude – vorwiegend Hotels, Sanatorien und Pensionen im „wilden", aber feinen Stilmix der Bäderarchitektur – gebaut werden. Initiator des Baubooms ist der Berliner Kaufhausmillionär *Georg Wertheim*. Die Grundstücke werden damals für 29 Pfennige pro Quadratmeter verscherbelt. Das neue **Kurviertel** bekommt bald eine ihm angemessene Flaniermeile zum obligatorischen Sehen- und Gesehen werden: die **Strandpromenade**. Die liegt damals tatsächlich noch direkt am Strand, heute etwa 200 m davon entfernt. Denn dem Swinemünder Ufer wird stetig neuer Sand aus anderen Usedomer Seebädern zugeschwemmt. Dieses natürliche Phänomen soll der stabilen Beton-Seebrücke aus den 1920er Jahren – Nachfolgerin der herrlich-mondänen, allerdings noch hölzernen *Kaiser-*

Friedrich-Seebrücke von 1898 – zum Verhängnis geworden sein, da offenbar das jährliche Breitenwachstum des Strandes unberücksichtigt blieb. So dauert es keine 20 Jahre, bis der Laufsteg über den Ostseewellen völlig auf dem Trockenen steht. Die Architekten müssen ziemliche Trottel gewesen sein. Die letzten Betonreste dieser Anlage hat man erst 2007 entfernt. In naher Zukunft soll nun eine neue Seebrücke gebaut werden. Das alte vornehm-schmucke Kurhaus aus dem Jahre 1910 war das gesellschaftliche Zentrum des Kurviertels – mit Meeresblick, Tanzfläche im Freien, Musikkapellen, Bier- und Weinrestaurant. Es brennt 1945 weitgehend ab. Nur eine Ladenzeile ist davon noch erhalten, vis-a-vis der Konzertmuschel von 1911.

In den rund 125 Jahren zwischen der Gründung des Seebads und dem Zweiten Weltkrieg weilen regelmäßig sowohl der Hochadel als auch fast alle europäischen Könige und Kaiser sowie die russischen Zaren im Kurort an der Swinemündung. „Kaisertage" heißen die zwischen 1892 und 1913 jährlich stattfindenden Flottenmanöver. Special guest ist stets *Kaiser Wilhelm II.*, der mit seiner Luxusyacht „Hohenzollern" aus Berlin anreist. *Adolf Hitler* wird 1939 am Swinemünder Hafenbahnhof frenetisch zugejubelt. Wenige Jahre später, am **12. März 1945**, geht das deutsche Seebad unter. Der berühmte Kurort, gleichzeitig Festung, Garnisonstadt und Flottenstützpunkt, erlebt ein Inferno. Hunderte amerikanische Bomber der 8. US-Luftflotte zerstören –

kurz vor Kriegsende – 55 % der Gebäude und richten in der mit 100.000 Flüchtlingen aus Ostpreußen, Danzig und Hinterpommern überfüllten Stadt ein Blutbad an. Bis zu 23.000 wehr- und schutzlose Zivilisten kommen ums Leben. Die Toten werden auf dem Höhenzug **Golm** bei Kamminke (▶ Seite 168, Entdeckertour 2) in Massengräbern beigesetzt.

Theodor Fontane in Swinemünde

Der Dichter und Schriftsteller Theodor Fontane (1819 – 1898) zieht 1827 mit seiner Familie nach Swinemünde, wo sein Vater Louis Henri die Adlerapotheke am Kleinen Markt (heute *Plac Wolności*) erworben hatte. Die Familie bleibt 5 Jahre an der Ostsee. In mehrere seiner Werke sind Erinnerungen an diese Zeit eingegangen, vor allem in seinen großen Roman „Effi Briest" aus dem Jahre 1893. Swinemünde an der Swine wird da zum fiktiven Ort Kessin an der Kessine. Der märkische Wanderer findet rückblickend in seiner Autobiographie „Meine Kinderjahre" die Stadt „sehr hässlich und sehr hübsch". Das ist kein Widerspruch, viele Besucher werden das heute wohl genauso sehen. Der junge Fontane liebt vor allem das seestädtische Flair und die multinationale Mischung in dieser Stadt an der Ostseemündung: „Alles war derart durcheinander gewürfelt, dass man den Repräsentanten aller nordeuropäischen Völker daselbst begegnete, Dänen, Schweden, Holländern, Schotten, die hier früher oder später hängen geblieben waren". Viel Zeit verbringt er daher am Swineufer, am Bollwerk, dem heutigen *Wybrzeże Władisława IV*: „Ich sehe mich noch am Bollwerk stehen und auf das Anlegen der *Kronprinzessin Elisabeth*, des von Stettin kommenden Dampfers, warten, der täglich die Zeitungen mitbrachte". Die Dampfer legen hier noch immer an, auch wenn sie heute anders heißen. Und der Strand? Dorthin geht der Junge, wohl während sein Vater im Gesellschaftshaus eifrig dem Glücksspiel frönt, durch die „Plantage" (der frühe Kurpark) und über die Königsallee, heute *ul. Chobrego*. Am Ende dieser Straße liegt damals die Badestelle für die einheimischen Mannsbilder, in gebührender Entfernung zum weit westlich gelegenen Damenbad. Der kleine Theodor kann immerhin notdürftig schwimmen: „Hier lag nun für mich die tägliche Verführung. War es still und alles normal, so reichten meine Schwimmkünste gerade aus, glücklich über die tiefen Stellen wegzukommen und das zunächst gelegene Reff zu erreichen".

Beschauliches Anglerplätzchen am Swinemünder Hafen

Hier befindet sich heute eine gepflegte **Kriegsgräbergedenkstätte**. An die Toten erinnert die Frauenskulptur „Die Frierende" des Bansiner Barlachschülers *Rudolf Leptien* aus den 1950er Jahren. Die **Jugendbegegnungs- und Bildungsstätte Golm** bietet unter anderem auch Führungen durch die Gedenkstätte an. *www.jbs-golm.de*

Am **5. Mai 1945** marschiert die Rote Armee in der Stadt ein. Nach dem Beschluss des Potsdamer Abkommens wird Usedom geteilt, Swinemünde wird zur polnischen Stadt **Świnoujście**. Die deutsche Bevölkerung muss Swinemünde ab Herbst 1945 verlassen. Im Jahre 1950 leben nur noch rund 500 von zuvor über 30.000 Deutschen in der Stadt. Die neuen Einwohner kommen vorwiegend aus Ostpolen und der Ukraine. *Świnoujście* wird polnischer Marinestützpunkt, es entstehen ein Hochseehafen und das große Fischkombinat „Odra". Es war in den 1970er Jahren eine Großmacht der Hochseefischerei mit 6.000 Beschäftigten und einer Flotte von 50 Schiffen. Nach der Wende wurde es liquidiert. Das Kurviertel, der Strand und die Hafenanlagen liegen allerdings im alleinigen Kontrollbereich des sowjetischen Militärs. In den feudalen Villen des Kurviertels wohnen nun russische Offiziere mit ihren Familien. Der Zugang zum Strand ist stark eingeschränkt, mit einem hohen Bretterzaun abgesperrt und nur mit einem *Propusk*, einem sowje-

Der Lutherturm mit Café und Aussichtsplattform

tischen Passierschein, möglich. Erst 1960 werden die Kontrollen gelockert, der polnische Kurbetrieb beginnt in diesem Jahr mit 374 Gästen. In den folgenden Jahrzehnten entwickelt sich *Świnoujście* neben Zoppot (*Sopot*) und Kolberg (*Kołobrzeg*) zum beliebtesten polnischen Seebad. Im Dezember 1992 ziehen die letzten Einheiten der Roten Armee ab. **2007** werden die Grenzanlagen zu Deutschland abgebaut, Grenzkontrollen gibt es nicht mehr. Heute zählt *Świnoujście* weit über eine Million Übernachtungen im Jahr. Tendenz steigend. Und viele Gäste kommen mittlerweile aus Deutschland.

Sehenswertes in Swinemünde

Das Swinemünder Stadtgebiet ist ebenso weitläufig wie uneinheitlich. Den südlichen Teil dominieren typische Plattenbauten aus der Nachkriegszeit, Wohnsilos aus sozialistischer Zeit, deren Fassaden man in den letzten Jahren farblich aufgehübscht hat. Westlich davon, am **UBB-Bahnhof**, entstand eine neue Siedlung mit vielen modernen Appartementwohnungen, das *Osiedle Matejki*. Die breite *ul. Konstytucji 3 Maja* verbindet dieses Viertel mit dem alten Stadtzentrum, dem **Centrum**, zu dem auch der neue **Segler- und Yachthafen (Marina)** und die **Anlegestelle der Ausflugsdampfer** an der Swine gehören. Hier in der Nähe, am zentralen *Plac Rybaka* mit dem Alten Rathaus/Museum für Hochseefischerei, gehen mehrere Straßen ab,

Empfehlung für die Stadtbesichtigung:

Swinemünde ist sehr weitläufig. Es empfiehlt sich daher, die Stadt mit einem Fahrrad zu erkunden. Das städtische Radwegenetz ist mittlerweile gut ausgebaut. Fürs erste Kennenlernen sind Fahrten mit dem Swinemünde-Express, einer Art Bimmelbahn mit mehreren Anhängern, sehr nützlich. Das Bähnchen fährt alle bedeutenden Sehenswürdigkeiten an. Es gibt Informationen auf Deutsch (► Seite 125). Auch mit den zahlreichen Pferdekutschen lassen sich größere Distanzen bestens überbrücken.

die das **Geschäftsviertel** Swinemündes bilden: Zahlreiche Läden – vor allem Kleider-, Schuh-, Schmuck- und Lebensmittelgeschäfte, Buchläden, Frisöre, aber auch vereinzelt Trödelläden und Geschäfte mit maritimen Artikeln – befinden sich in den Fußgängerzonen der Straßen *Monte Cassino* und *Bohaterów Wrzesnia*. Weitere in der langen *ul. Grunwaldzka*. Und dazwischen auf den Gehwegen und Plätzen, wie überall in Polen, **Buden und Kioske**. Hier kauft man zum Beispiel Zigaretten, Zeitungen, Kosmetikartikel, Strandutensilien, Ansichtskarten, Souvenirs oder frisches Obst und Gemüse.

Der riesige **Kurpark**, mehrere Grünanlagen mit dem Amphitheater und dem Fußballstadion ziehen sich wie ein grünes Band zwischen das Centrum und das alte **Kurviertel**. Hier verläuft die Promenade parallel zur Stranddüne. Mehrere Zugänge führen von dort zum weiten **Sandstrand**. Die östliche Seite der Swine ist in wenigen Minuten mit der Stadtfähre erreichbar. Hier, also bereits auf der Nachbarinsel Wollin, liegt der Swinemünder Vorort **Warszów**, das frühere *Ostswine*, mit Hafen- und Industrieanlagen sowie den **Bahnhöfen** für Züge und Busse nach Stettin (mit Verbindung nach Berlin), Misdroy und anderen polnischen Städten.

Kurviertel:
Strand & Promenade

Der Zweite Weltkrieg hat auch in das **alte Kurviertel** des Seebads unübersehbar Lücken gerissen. Ein vollkommen einheitliches Gesamtensemble im Stil der schick-herrschaftlichen Bäderarchitektur aus dem frühen 20. Jahrhundert wie bei den deutschen Kaiserbädern ist nicht mehr vorhanden. Trotzdem lässt sich hier in dem streng rechtwinklig angelegten Viertel mit seinen renovierten Sanatorien, Pensionen, Hotels und eleganten Stadtvillen die Pracht dieser repräsentativen Architektur noch bestens erkennen. Auf Schritt und Tritt erblickt man breite Freitreppen, vornehme Ecktürmchen, ziseliert verschnörkelte Erker, verzierte Veranden oder mit Säulen geschmückte Loggien. Achten Sie mal auf die zahlreichen interessanten architektonischen Details an den Hausfassaden!

Das große Kapital der Stadt ist neben ihrer wunderbaren Lage der mehr als drei Kilometer lange **Strand** mit seinem äußerst feinen Sand. Er ist bis zu 150 Meter breit. Und er wächst immer weiter. Jährlich um rund einen Meter! Denn die Strömung holt sich den Sand an anderen Usedomer Badeorten wie Koserow und Ückeritz und spült ihn am leicht sichelförmigen Küstenstreifen bei Swinemünde wieder an. Bernstein und Muscheln gleich mit. Hier herrscht das ganze Jahr über ein reges Hin und Her von Einheimischen, die täglich die vielen Schwäne und die wild kreischenden Möwen füttern, aber vor allem von Strandgängern und -läufern, die ins knapp drei Kilometer entfernte Ahlbeck unterwegs sind oder von dort kommen. Seit 2007 die Schengengrenze fiel, lässt sich unbegrenzt und unbehindert von einem Land ins andere schlendern, joggen, walken oder radeln. Nur noch eine Schneise im Wald und die neue **Begegnungsplattform** verraten die ehemalige Grenzanlage. Direkt da liegt der Ahlbecker „Effi", wie auf Ostdeutsch FKK-Bereiche heißen. Hier herrscht selbst im Hochsommer ganz viel freier Platz, während gleichzeitig die Stadtstrände der beiden Seebäder proppenvoll sind. Auffallend ist auch, dass sich am Swinemünder Strand mindestens ebenso viele Kinder tummeln, wie in Ahlbeck Rentner in den Strandkörben sitzen. Und das sind nicht wenige. Swinemünde, einst die größte „Berliner Badewanne" auf Usedom, boomt beträchtlich. Und tatsächlich sollen hier, so sagt man, die kühlen Ostseewellen immer ein bisschen wärmer als sonst wo auf Usedom sein!

Die **Westmole** und am anderen Swineufer die fast 1400 Meter lange **Ostmole** wurden ab 1818 als Wellenbrecher zum Schutz vor Stürmen und vor allem der Versandung errichtet. Mehrere **Strandbars**, in denen es sich abends gemütlich beim Bier oder Wein in der ersten Reihe sitzen lässt, wenn die rote Sonne theatralisch ins Meer plumpst oder im Spätsommer hinter den Kaiserbädern versinkt, werden leider gegen Ende September wieder abgebaut.

Zwischen den mit Gräsern und Nadelbäumen bewachsenen Stranddü-

nen und dem Kurviertel verläuft die beliebte Flaniermeile der Stadt: Die rund zwei Kilometer lange **Promenade**, an der sich im Sommer unzählige Fisch-, Schaschlik-, Souvenir- und Bernsteinbuden aneinander reihen. Und natürlich die bei Jung und Alt gleichermaßen beliebten *Lody*-Stände, die Eisdielen, die oft sogar an kalten Wintertagen geöffnet haben! Sommertags ist hier Party und Halligalli angesagt. Um die vielen Straßenmusiker scharen sich oft große Pulks spontan tanzender Passanten, schließlich ist die rhythmische Bewegung in Polen eine Art Volkssport.

Tipp für Rollstuhlfahrer: Alle Strandzugänge sind gepflastert, Betonwege oder Hartgummimatten führen bis fast ans Ufer. Außerdem gibt es seit 2011 eine „zweite" Strandpromenade, die man direkt auf die

Die hübsch angelegte Promenade lädt zum Flanieren ein

Stranddünen rollstuhlgerecht mit Top-Meeresblick gebaut hat. Barrierefreie Toiletten befinden sich an den Strandzugängen auf der Höhe der Straßen *Postancow*, *Nowowiejskiego* und *Prusa*.

★ Mühlenbake

Am östlichen Ende des Stadtstrandes, an der Swinemündung, liegt die 1020 m lange Westmole mit dem fotogenen Wahrzeichen der Stadt, der Mühlenbake, *Stawa Młyny*, die den Seeleuten seit 1877 den Weg in den Hafen weist. Das in Swinemünde gemeinhin als „Windmühle" – Wiatrak – bezeichnete Navigationszeichen drehte tatsächlich noch bis zum beginnenden 20. Jahrhundert seine Flügel. Ein traumhaftes Plätzchen! Nicht nur für die vielen Angler, die hier auf Petris Heil hoffen. Für uns ist es einer der schönsten Orte an der gesamten polnischen Ostseeküste. Besonders spektakulär: Wenn die riesigen Fährschiffe hier ein- oder auslaufen und die Windmühle wie ein putziges Spielzeug erscheinen lassen.

Kurpark

Im Jahre 1826 beauftragte die Stadt den berühmten preußischen Hofgärtner und Sanssouci-Gestalter *Peter Joseph Lenné*, einen Park für das damalige Kurhaus anzulegen. Finanzierungsprobleme verhinderten aber das *Lenné*-Projekt. Erst seit Ende des 19. Jahrhunderts verbindet ein großzügiger, englischer Garten als grü-

ne Pufferzone das strandnahe Badeviertel mit dem geschäftigen *Centrum*. In den letzten Jahren wurde der 60 ha große Kurpark, *Park Zdrojowy*, wunderschön erneuert. Entstanden ist ein grünes Paradies mit **17 km schattigen Radel- und Spazierwegen**, herrlichen bis zu 150 Jahren alten Buchen, Platanen, Eichen, Eschen, Schwarzerlen und Kastanien, Blumenrabatten, Springbrunnen, Teichen und kleinen Bächen, Kinderspielplatz, vielen Bänken und Skulpturen – darunter ist der kultige Fernsehdrachen *Telesfor*, den jedes Kind in Polen kennt, zumindest, wer in den 1970er Jahren Kind war. An der Swine, am östlichen Rande des Parks, wo er noch schön urwüchsig ist, gibt es an der belebten **Marina** gemütliche Sommerterrassen zum Einkehren, Entspannen und Gucken.

Hafen

Im Jahre 1740 begannen die Preußen mit der Schiffbarmachung der Swine und dem Bau einer Hafenanlage. Swinemünde wurde zum Vorhafen Stettins. Damit die großen Ostsee-Frachtschiffe direkt zum Hafen in Stettin fahren konnten, baute man von 1874 bis 1880 die **Kaiserfahrt**, den zehn Kilometer langen Schifffahrtskanal zum Oderhaff.

Heute ist der Swinemünder Hafen der viertgrößte in Polen. Es gibt eine große Reparaturwerft, im Handelshafen werden vor allem schlesische Kohle und Eisenerz verschifft. Täglich laufen riesige Hochseefähren ein und aus, die zwischen Swinemün-

Beliebtes Mitbringsel: Bernsteinschmuck

de, Schweden und Dänemark verkehren. Außerdem liegt im Hafen eine Marineeinheit der polnischen Küstenschutzflottille vor Anker. Ab 2016 soll ein Terminal für Flüssiggas in Betrieb gehen, der **Gazoport**. Durch das teure Projekt mit seinen riesigen Tanks und der neuen, gigantischen Hafenmole auf der Wolliner Stadtseite können große Mengen Erdgas importiert werden.

Eine hochmoderne **Marina** für bis zu 400 Segelboote und Yachten entstand vor wenigen Jahren im ehemaligen Nordhafen der sowjetischen Flotte. Das **Hafenamt**, *kapitanat*, stammt aus dem Jahre 1879. Die beiden alten Spalier stehenden Eiben am Eingang werden seit deutscher Zeit „Segler" genannt. Sie sind Naturdenkmale. **Ausflugsdampfer** fahren in den Sommermonaten regelmäßig von Swinemünde zu den deutschen Kaiserbädern und nach Stettin oder starten zu **Hafenrundfahrten** (▶ Seite 129).

★ Preußische Fortanlagen

Aufgrund der wichtigen strategischen Lage entstanden an der Mündung bereits im Mittelalter Wehrburgen. Wer in den folgenden Jahrhunderten über die Swineregion herrschte, errichtete ebenfalls Festungsanlagen: die pommerschen Herzöge, die Dänen, die Schweden, schließlich die Preußen. Die Deutschen bauten sie in den 1930er Jahren weiter aus, die Rote Armee nutzte die Anlagen nach dem letzten Krieg für ihre Zwecke. Vor einigen Jahren hat man die gut erhaltenen preußischen Forts schließlich für die Öffentlichkeit geöffnet.

Auf der westlichen Seite der Swine liegen das **Westfort (Fort Zachodni)** und die **Engelsburg (Fort Anioła)**, die zwischen 1854 und 1858 entstand. Sie ist der berühmten Engelsburg in Rom nachempfunden. Dort thront allerdings Erzengel Michael mit Schwert auf dem Gebäude, hier ein potthässlicher Betonbunker einer deutschen, später russischen Radarstation. Darunter ist eine Aussichtsterrasse mit Schießscharten. Interessant sind unter anderem der Wikingersaal mit militärischen Exponaten und der Kaminsaal mit einer Kunstausstellung. Kleines Café.

Das Westfort wurde von 1858 bis 1861 auf dem Uferwall mit Artilleriemständen errichtet und war zusammen mit der Engelsburg von einem Graben umgeben. Sie diente als Bewachung der Hafeneinfahrt. Zu besichtigen: Museum der Festungsgeschichte und das gesamte Gelände.

Die Swinemünder Engelsburg

Eine gute Übersicht hat man vom Kommandogebäude aus der Nazizeit. Auch hier gibt es ein Café mit Imbiss.

beide Forts tgl. 10–20 Uhr, im Winter bis zur Dämmerung

Auf der östlichen Seite der Swine befinden sich mehrere Befestigungsanlagen, darunter das **Ostfort (Fort Gerharda)**, 1856 bis 1863 erbaut. Kanonen schützten die Mündung und den Wasserweg nach Stettin. Erhalten ist u.a. die große Kaserne mit dekorativer Klinkersteinfassade. Die „militärischen Führungen" sind mittlerweile zu einer kleinen Touristenattraktion geworden, über das Gelände führen ganz authentisch „uniformierte Preußen" mit Pickelhauben. Das Fort ist seit 2001 nach dem holländischen Architekten und Festungsbauer *Gerhard Cornelius van Wallrawe* (1692–1773) benannt, der im Stettin des 18. Jahrhunderts mehrere Gebäude schuf.

Angebote: Museum, kulturelle Events, Grillfeste, Musikabende | nahe Leuchtturm | Tgl. im Sommer von 9.30-19 Uhr, Okt.-Ende Apr. 10-17 Uhr | Eintritt 15 zł, erm. 10 zł | 1.10. – 30.4. 9 zł, erm. 7 zł

Zum Ostfort gehört seit 2014 die **Unterirdische Stadt** (*Poziemne Miasto*). Diese auch **Bastion Vineta** genannte Militäranlage liegt auf der Insel Wollin wenige Kilometer östlich der Swinemündung und nahe des Bahnhofs von Pritter (*Przytór*). Sie entstand unter den Nazis zwischen 1935 und 1938 auf einer der höchsten Dünen im Ostswinemünder Küstenwald. Ab den 1950er Jahren wurde der Militärkomplex der Armee der Volksrepublik Polen unterstellt. Er diente fortan als Kommandozentrale und Ausweichleitstelle der polnischen Generalität und war eines der bestgehüteten Geheimnisse des Warschauer Vertrags. Ihren militärischen Status verlor die Anlage erst Ende 2013.

Führungen Mai–Sep. tgl. alle 20 Min. zwischen 9.30 und 19 Uhr; Okt.–Apr. nur Sa/So jeweils um 12.30 und 15 Uhr | Info-Tel (48) 530 79 05 96

Leuchtturm

Am östlichen Swineufer überragt der 68 m hohe **Leuchtturm**, *Latarnia Morska*, seit 1857 die ganze Umgebung. Er ist noch heute der höchste an der Ostseeküste und einer der höchsten weltweit. Allerdings recken sich zwei riesige, gelbe Verladekräne in seiner unmittelbaren Nähe in den Himmel, die fast die Höhe des Turmes erreichen. Der Aufstieg über die 308 Stufen der steilen Wendeltreppe ist ganz schön anstrengend. Dafür genießt man oben auf der Aussichtsplattform einen grandiosen Panorama-Rundblick. Erst nach der grundlegenden Renovierung im Jahre 1903 wurde aus dem ursprünglich achteckigen Turm ein runder. Schön, dass er überhaupt noch steht, denn während der beiden Weltkriege hatte man am Turm Sprengladungen angebracht, die bei einer eventuellen Invasion den ganzen Turm in die Swine schleudern sollten, um dadurch den Schifffahrtsweg nach Stet-

tin zu sperren. Das Leuchtfeuer ist 25 Seemeilen weit zu sehen. Unten, im angebauten Leuchtturmwärterhaus, ist ein kleines Museum mit saisonalem Bistro eingerichtet – und seit 2013 auch ein Standesamt.

Juli/Aug. tgl. 10-20 Uhr, sonst 10-18 Uhr, in den Wintermonaten bis zur Dämmerung | Eintritt 6 zł, erm. 4 zł

König-Christuskirche am Plac Wolności

Das ursprünglich evangelische Gotteshaus war 1792 nach einem Entwurf von *David Gilly* fertig gestellt, namen-, schmuck- und turmlos. Im Jahre 1814 vermachte ein Hamburger Kapitän seiner Traukirche ein schönes hölzernes Schiffsmodell, um die 2 m lang, das noch heute im Mittelgang als Votivschiff hängt. Die Orgelanlage mit imposanter Klangfülle stammt aus dem Jahre 1927. Ihren Turm mit Spitzdach erhielt die Kirche erst 1881, bei der neogotischen Umgestaltung. Sie steht am Rande des frisch herausgeputzten, ehemaligen *Kleinen Marktes*. Der heutige **Plac Wolności** wird von einigen klassizistischen Wohnhäusern flankiert. Hier, gegenüber der Kirche, stand das **Fontanehaus** mit der Adlerapotheke, das erst 1955 abgerissen wurde. Am heutigen Gebäude (*ul. Marynarzy 7*) ist eine **Gedenktafel für Theodor Fontane** angebracht, im *Café Sonata* daneben sind alte Fotos und Stiche zu sehen.

Tipp: Von Anfang Juni bis Ende August gibt es in der Kirche jeden Freitag um 19 Uhr Orgeldarbietungen.

Turm der Lutherkirche

Von der einstigen, 1906 geweihten neogotischen Lutherkirche ist nur ihr roter Backsteinturm erhalten, allerdings ohne seine Spitze. Die wurde 1971 abgetragen. Der restaurierte Torso steht trotzdem sehr eindrucksvoll inmitten von Wohnhäusern, die etwa zur gleichen Zeit entstanden wie die Kirche. Eine Bombe traf 1945 das Kirchendach. Danach erfolgten Verwüstung und Ausplünderung. Schließlich diente das Kirchenschiff gar als Steinbruch, 1962 wurde es geschliffen. Der Rest blieb und wurde später vorbildlich restauriert. Genau 222 Stufen führen bis ganz nach oben: Von der über 50 Meter hohen **Aussichtsterrasse** schweift der Blick weit über die Stadt, die Pommersche Bucht, zu den Kaiserbädern und bis zum Haff. Außerdem: **Zeitgenössische Galerie**, sehr interessante Ausstellung mit historischen Stadtansichten und alten Fotos sowie das **Café Wieża** (▶ Seite 128).

Ecke ul. Piłsudskiego/ul. Paderewskiego | Aussichtsterrasse tgl. ab 10 Uhr

Maria-Meeresstern-Kirche

Die neogotische, einschiffige Hallenkirche in der *ul. Piastowska* wurde 1896 geweiht und diente damals vor allem den katholischen polnischen Saisonarbeitern, die im Kurbetrieb beschäftigt waren. Das Mosaik über dem Hauptportal zeigt Maria mit Christuskind in einem Boot. Die farbenfrohen Glasmalereien stammen von 1980.

Tgl. 7-18 Uhr

Museum für Hochseefischerei (Muzeum Rybołówstwa Morskiego)

Das Historische Rathaus von 1806 beherbergt seit 1974 auf drei Etagen eine sehr besuchenswerte Dauerausstellung: Die Räume im Hochparterre informieren über die Meeresfauna und -flora. Zu sehen sind allerlei ausgestopftes Meeresgetier, Riesenmuscheln und exotische Fische, tot und lebendig. Im 1. Stock sind Navigationsinstrumente und Fanggeräte zu besichtigen. Informativ und umfangreich ist im Dachgeschoss die **Ausstellung zur Stadtgeschichte** mit vielen historischen Fotos, alten Ansichtskarten und Dokumenten. Der schöne Dachreiter mit Uhr besitzt ein Glockenspiel mit der Melodie der „Hymne an die Ostsee" des polnischen Komponisten *Feliks Nowowiejski*, täglich um 12 und 15 Uhr zu hören.

Vor dem Museum, am *Plac Rybaka*, liegt ein großer Findling als Denkmal für diejenigen, „die vom Meer nicht zurück gekehrt sind". Und schräg gegenüber, zur Wasserseite hin, hat das graue Eckhaus fast 200 Jahre auf dem Buckel. Das heute mit seiner blätternden Fassade traurig aussehende Gebäude war im 19. Jahrhundert das beste und teuerste Hotel der Stadt, das *Hotel Drei Kronen*. Es ist auf vielen historischen Postkarten und Gemälden zu sehen, damals noch mit seinem charakteristischen Eckturm.

Juli/Aug. Mo-Fr 10-20, Sa/So 10-18 Uhr, sonst 10-17 Uhr und Mo geschlossen | Eintritt 7 zł, erm. 5 zł

Meer in Sicht

Bahnhöfe & Verbindungen

Bahnhof Świnoujście Centrum

Usedomer Bäderbahn (UBB), Züge zum deutschen Teil Usedoms, nach Stralsund und im Sommer bis Berlin.

Bahnhof Świnoujście (auf Wolliner Seite, an der Stadtfähre):

Züge nach Misdroy, Wollin, Stettin (Berlin), Warschau, Krakau. Die Personenzüge (keine Schnellzüge) nach Stettin fahren ca. alle zwei Stunden, sind aber rund zwei Stunden unterwegs.

Busbahnhof Świnoujście

Regelmäßige Verbindungen nach Misdroy (Linie 10) und zur Nachbarinsel Kaseburg (Linie 5). Von gleicher Stelle starten die grünen **Emil-busse** mehrmals täglich nach Kamien Pom. und Wollin (Stadt) sowie zwischen 5.30 und 20.25 Uhr stündlich nach Stettin und Misdroy.

www.emilbus.com.pl

Grenzüberschreitender Europabus 290/291

Fährt auf der Strecke Swinemünde, Ahlbeck, Heringsdorf und Bansin im 30-Minuten-Takt. An Sonn- und Feiertagen sowie im Winter stündlich. Die Busse halten an jeder Seebrücke und in den touristischen Zentren.

Die Tageskarte kostet 32 zł, für Kinder von 6-14 Jahren 16 zł, in Deutschland 8/4 Euro.

Swine-Fähren

In Swinemünde gibt es zwei **kostenlose** Fährverbindungen, die die Inseln Usedom und Wollin miteinander verbinden. Beide Personen- und

Mit dem Swinemünde-Express die Stadt erkunden

Autofähren verkehren täglich rund um die Uhr. Die Stadtfähre (Fährlinie „Centrum") pendelt im 20-Minuten-Takt zwischen den Ufern, es werden aber nur Autos Einheimischer transportiert! Jederzeit frei für alle Automobile ist die zweite und größere Fähre (Fährlinie „Warszów"). Sie legt sieben Kilometer südlich vom Stadtzentrum entfernt in halbstündigen Abständen ab (ausgeschildert als „Prom", Richtung *Garz* und *Szczecin*). Fahrräder können auf beiden Fähren mitgenommen werden. Fahrtdauer: Jeweils um die zehn Minuten.

Stadtrundfahrt

Mit dem Swinemünde-Express eine Stunde durch das Kurviertel und das alte Zentrum, mit Erläuterungen der Sehenswürdigkeiten unterwegs. Stündliche Abfahrten zwischen 10 und 16.45 Uhr an fünf Haltestellen, wie etwa an der Grenze, am Hafen oder an der Promenade.
Tel (91) 321 18 65 | www.cyrus-tours.pl | Erwachsene 6 Euro, Kinder bis 12 Jahre 3 Euro, Kinder bis 4 Jahre kostenlos

Fahrrad

Radeln ist in Swinemünde und um die Stadt herum ein großes Vergnügen. Das Radwandernetz ist weitgehend sehr gut ausgebaut. Von der Wolliner Seite Swinemündes führt der **internationale Radwanderweg R 10 nach Misdroy**. Allerdings ist dieser auf den ersten rund 5 Kilometern kaum befahrbar. Daher sollte man die Tour erst am Bahnhof Przytór nahe der **Unterirdischen Stadt** beginnen.

Informationen

Informacja Turystyczna
Plac Słowiański 6/1 | Swinemünde | Tel (91) 322 49 99 | www.swinoujscie.pl. | Mo-Fr 9-17, Sa 10-14 Uhr, in der Sommersaison auch So 10-14 Uhr | Info-Stand an der Promenade (an der Konzertmuschel, nur Juni bis Ende Sept.) tgl. 13-21 Uhr

Swinemünder Marina & Yachthafen
Tel (91) 321 91 77 | www.osir.uznam.net.pl/marina

Übernachten

Villa Herkules
Schönes Hotel im Stil der Bäderarchitektur, 300 m zum Strand, komfortable Zimmer und Appartements. Internetzugang, Balkon, Salzgrotte.
Ul. Słowackiego 29 | Tel (91) 321 35 28 | www.villaherkules.pl | €€-€€€

Trzy Wyspy (Drei Inseln)
2015 eröffnetes Hotel im Neuen Kurviertel, Strandnähe. 155 sehr komfortable Zimmer und Appartements, moderner Spa-Bereich, Schwimmbad, Sky Bar mit Meeresblick. Fahrradverleih, Tiefgarage.
Ul. Słowackiego 2 | www.trzywyspy.pl | €€-€€€

Hotel Kaisergarten (Cesarskie Ogrody)
Ehemaliges Krankenhaus im Jugendstil, 93 komfortable Zimmer, großer Spa- & Wellnessbereich. Park, Restaurant, Biergarten, Parkplatz, barrierefrei, 500 m zum Strand.
Ul. Stanislawa Wyspianskiego | Tel (91) 321 02 21 | www.cesarskieogrody.pl | €€

Hotel Interferie Medical Spa

Neues, modernes Gebäude am Kurpark und in Strandnähe. Gutes Restaurant, Café, Bar, Night Club, Schwimmbad, Saunakomplex, Kur- und Wellnessbereich, Verleih von Fahrrädern und Nordic-Walking-Ausrüstungen. W-Lan kostenfrei. Barrierefrei.

Ul. Uzdrowiskowa 15 |
Tel (91) 381 25 00 |
www.inmedicalspa.pl | €€

Willa Pod Dębami

Restaurierte Villa, ruhige Lage im Kurviertel, hoher Standard. Großer Garten. Frühzeitige Reservierung notwendig.

Ul. B. Prusa 9 | Tel (91) 321 93 68 |
www.pod.debami.eu. | €€

Atol

Im Zentrum des Kurviertels, komfortabel ausgestattetes Hotel mit Kurhaus, 200 m zum Strand, Sauna, Nachtclub, beliebtes Restaurant *Hemingway*.

Ul. Orkana 3 | Tel (91) 321 38 46 |
www.hotelatol.com.pl

Hotel Irys

Stattliches Hotel an der Promenade, Bäderarchitektur, sehr schönes Café. Viele deutsche Kurgäste.

Ul. Żeromskiego 2 | Tel (91) 321 26 76 |
www.irys.com | €-€€

Helios

Am Rande des Kurviertels, 200 m bis zum Strand. Internet, Parkplatz.

Ul. Sienkiewicza 16 | Tel (91) 322 48 84 |
www.helios.spanie.pl | €-€€

Pensjonat Pod Kasztanami

Renoviertes Jugendstilhaus zwischen Kurviertel und Centrum. Geräumige Zimmer. Gutes Restaurant mit polnischer Küche im Keller.

Ul. Paderewskiego 14/1 |
Tel (91) 322 01 20 |
www.pod-kasztanami.pl | €-€€

via: Tipp Marina Kaseburg (Karsibór)

Fischerort auf der gleichnamigen Insel, die zu Swinemünde gehört. Urige Fischtaverne mit herrlicher Sommerterrasse direkt am Delta der Alten Swine. Absolut frische und leckere Fischgerichte! Dafür bürgt die resolute Küchenmeisterin *Gosia*. Außerdem: Bootsverleih, Angelartikel, Zeltplatz, Bungalows und Zimmer. Wunderschön: Eine Fahrt mit dem Katamaran durch das Swinedelta (im Sommer tgl.).

Ul. 1 Maja 5a | Tel (91) 322 14 48 |
www.marina.karsibor.pl | €
(▶ Seite 176, Entdeckertour 4)

Jugendherberge (Skolne Schronisko Młodzieżowe)

Ul. Gdyńska 26 | Tel (91) 327 06 13 |
www.schronisko.e-swinoujscie.pl

Camping Relax

Sehr schöne, gepflegte Anlage, ganzjährig geöffnet. 300 m zum Strand, am Kurpark, Campinghäuschen, Lebensmittelgeschäft mit Fischräucherei, Café und Bar.

Ul. Słowackiego 1 | Tel (91) 321 39 12 |
www.camping-relax.com.pl.

Spektakulär sind die Sonnenuntergänge am Swinemünder Strand

Ferienwohnungen
Nautilus Apartamenty
Komfortable Appartements, zum Teil mit Pool und Sauna, Internetzugang, rund 100 m bis zum Strand.
Ul. Elizy Orzeszkowej 3 | Tel (91) 322 40 50 | www.apartamenty-nautilus.pl | €€

Baltic Home
Stilvoll eingerichtete, moderne Appartements in Meeresnähe, verschiedene Größen. Preise je nach Saison.
Ul. Uzdrowiskowa 11/3 |
Tel (91) 327 49 94 |
www.baltichome.pl | €€

Appartements Sun and Snow
1-4-Zimmer-Appartements, einige mit Meeresblick.
Ul. Uzdrowiskowa 18 | Tel (91) 321 81 71 | www.sunandsnow.pl | €€

Essen & Trinken
Karczma Polska Pod Kogutem
Großes Restaurant, im Stil eines polnischen Landgasthofs eingerichtet. Riesige Speisekarte. Gute Qualität, gehobenes Preisniveau.
Ul. Żeromskiego 48 | Tel (91) 327 40 57 | www.karczmapodkogutem.pl | Mo-Do 12-22, Fr-So 12-23 Uhr

Restauracja Tankowiec

„Najlepsze jedzenie w mieście" (Das beste Essen der Stadt) heißt es in der Werbung. Das Eigenlob ist hier sicherlich nicht unangebracht. Sehr empfehlenswert. Am Hafenkai. Maritime Einrichtung. Viele Einheimische.

Ul. Wybrzeże Władysława IV 23a | Tel (91) 888 86 86 | www.tankowiec.eu | Tgl. ab 11 Uhr

via Tipp Café Wieża

Im Kirchturm der ehemaligen Lutherkirche. Die sollte 1962 nach Kriegsschäden, Vandalismus und Plünderungen endgültig abgerissen werden. Doch zumindest der stattliche neugotische Turm blieb erhalten, aber wahrscheinlich nur, weil er als Orientierungspunkt in den Militärkarten eingezeichnet war. Seit 2009 haben *Justyna* und *Dariusz Czyżkow* in den beiden renovierten Stockwerken des Turmes mit viel Liebe ein gemütliches Nostalgie-Café eingerichtet. An den Wänden: Historische Fotos von Swinemünde, von ganz oben genießt man die schönste Aussicht auf die Stadt und ihre Umgebung.

Ul. Paderewskiego 7 | Tgl. 10-22 Uhr

Restauracja Club Osada

Unscheinbares, kleines Restaurant am Hafen. Frisch zubereitete polnische Gerichte zu moderaten Preisen, freundliche Atmosphäre, beliebt bei Einheimischen. Sommergarten.

Ul. Wybrzeże Władysława IV. 30a | Tel (91) 321 14 44 | www.osada-club.pl | So-Do 10-22, Fr/Sa 10-24 Uhr

Centrala

Traditionslokal in Hafennähe, schon 1806 erstmals als Gaststätte erwähnt. Vorwiegend polnische Küche, Hofterrasse, im Hof Jazz-Club und Swinemünder Künstler- und Szene-Treff „Scena". Angegliedert ist auch das Restaurant *Konstelacja* in schöner Lage neben dem Westfort. Inhaber und Swinemünder Kulturanimator *Darek Ryzczak* bekam das Zertifikat, dass in seinem Lokal weltweit der erste „Tollwütige Hund" serviert wurde, ein zumindest in Polen berühmter Wodka-Cocktail, polnisch *Wściekły Pies*.

Ul. Armii Krajowej 3 | Tel (091) 321 26 40 | www.centrala.pl | So-Fr 10-24, Sa 10-2 Uhr

Kurna Chata

Interieur im gemütlichen, rustikalen Bauern-Look. Gute polische Küche, riesige Portionen. Sommerterrasse.

Ul. Piłsudskiego 20 | Tel (91) 501 17 71 25 | Tgl. ab 11 Uhr

Restaurant Mistral

Eine der besten Küchen der Stadt, polnisch und europäisch. Fisch, Fleisch, Pasta, Salate, Desserts. Direkt an der Neuen Promenade.

Ul. Uzdrowiskowa 14/204 | Tel (48) 663 39 56 22

Restaurant & Café Nebbiolo

Italienische und polnische Gerichte auf hohem Niveau, gute Hausweine. Im neuen Kurviertel, Sommerterrasse.

Ul. Orzeszkowej 6 | Tel (48) 690 43 25 75 | Di-So 12-22 Uhr

Restauracja Pizza Pub Gloria

Riesen Pizzen, gute polnische Gerichte, freundliche Bedienung. Im (etwas heruntergekommenen) Gebäude des ehemaligen Nobelhotels „Drei Kronen" aus dem 19. Jahrhundert.

Ul. Wybrzeże Władysława IV 4/22 |
Tel (48) 797 63 16 77 | Tgl. 12-22 Uhr

Restaurant Neptun

Polnische und europäische Küche. Cocktailbar, große Sommerterrasse auf dem Plac Wolności neben den Fontänen.

Ul. Bema 1 | Tel (91) 888 80 01 |
So-Do 10-22, Fr/Sa im Sommer 10-3 Uhr

Restaurant & Café La Trompa

Gemütliche Einrichtung, nette Atmosphäre, viele deutsche Gäste. Strandnähe, Sommerterrasse. Gute polnische und deutsche Küche. Liveübertragung von Sportveranstaltungen.

Ul. Orkana 10 | Tel (48) 601 06 98 92 |
www.latrompa.eu |
Tgl. 10-22 Uhr, im Winter ab 14 Uhr

Cafés & Konditoreien

CoffeeBar

Eine der besten Kaffeestuben der Stadt. Wunderbare Kuchenkreationen, riesiges Angebot an Macchiatos, Schokoladen, Freddos, Caldos. Gegenüber Schiffsanleger im Hafen. Selbstbedienung.

Ul. Marynarzy 5 |
Apr.-Ende Okt. tgl. 9-19 Uhr

Café Mount Blanc

Edelste Schokoladen aus Belgien, ein Augen- und Gaumenschmaus.

Ul. Żeromskiego 9 | Promenade |
Tgl. 9-21 Uhr

Schiffsausflüge & Hafenrundfahrten

In den Sommermonaten Mai bis Anfang Oktober pendeln die Adler-Schiffe im Linienverkehr mehrmals täglich von Swinemünde zu den deutschen Kaiserbädern Ahlbeck, Heringsdorf und Bansin. Im Winter stark eingeschränkte Fahrtzeiten. Das Tragflächenboot *Bosman Express* verbindet in 75 Minuten mit Stettin (Juni-Sep. tgl.). Zweistündige Hafenrundfahrten mit deutschsprachiger Führung zwischen Mai und Anfang Oktober an zwei Wochentagen. Abfahrt am Hafenkai.

Promenade 1 | 17424 Heringsdorf |
Tel (01805) 12 33 44 |
www.adler-schiffe.de

Ebenfalls zweistündige Hafenrundfahrten bietet die Oderhaff-Reederei Peters an. Das moderne Schiff *Chateaubriand* legt gegenüber dem Museum ab. Auch Fahrten über das Oderhaff nach Ueckermünde und nach Stettin.

Altes Bollwerk 2 | 17373 Ueckermünde |
Tel (039771) 224 26 |
www.reederei-peters.de |
Tgl. 10 und 14.30 Uhr

Fahrradverleih

Usedom Rad/BalticBike

Fahrrad-Verleihsystem für die Insel mit 90 Verleihstationen. Alle Stationen besitzen eine Automatikfunktion, über die per Telefon rund um die Uhr Räder entliehen und zurückgegeben werden können, Handy und

Kreditkarte erforderlich. In Swinemünde gibt es sechs Verleihstationen, etwa BalticBike am UBB-Bahnhof, am Hafen beim Dampferableger
oder am östlichen Ende der Neuen
Promenade.
Hotline Tel (0048-91) 35 50 04 13 |
www.usedomrad.de

Am Sanatorium Energetyk
Ul. Żeromskiego 4/Ecke ul. Energetyków |
Promenade

🏃 Spielplätze

Spielplatz an der Promenade
Klettergeräte und große Rutsche.
Höhe Restaurant Karczma Polska, an der
Stranddüne

Spielplatz im Kurpark
Umgeben von schönen, alten Bäu-
men, viele Spielgeräte, Sitzbänke.
Ul. Mieszka I | (gegenüber dem städtischen
Krankenhaus)

Aktivitäten

Ostseetherme Usedom
Therme und Sauna.
Lindenstraße 60 | 17419 Seebad Ahlbeck |
Tel (038378) 273-0 |
www.ostseetherme-usedom.de |
Mo-Sa 10-22, So 10-20 Uhr

Schwimmhalle Świnoujście
Ul. Żeromskiego 48 | Promenade |
Tel (91) 321 54 10 |
www.osir.uznam.net.pl/plywalnia |
Tgl. 7-22 Uhr | Erwachsene 6 zł, Kinder 3 zł

Erst tief einatmen, dann wird weiter geradelt

⚭ Hochseilgarten im Park Linowy
Mehrere Parcours und Seilwege
mit verschiedenen Schwierigkeits-
graden und Baumplattform.
Ul. Matejki | neben den Tennisplätzen |
Tel (91) 516 10 78 00 |
www.parklinowybluszcz.pl

Tennishalle
Ul. Matejki 17a | Tel (91) 322 21 06 |
www.osir.uznam.net.pl/hala-tenisowa |
Tgl. 8-22 Uhr

Kitesurfing: Kite Fort
Zentrum für Kitesurfen am Strand an
der Windmühle.
Tel (91) 516 92 99 59 oder
(91) 503 44 77 02 | www.kitefort.pl

⚭ Pferdehof Kopytko
Im Angebot: Hippotherapie, the-
rapeutisches Reiten für Menschen
mit neurologischen Bewegungsstö-
rungen. Für alle: Reitunterricht, Reiten zum Stettiner Haff.
Ul. Mazowiecka | am südlichen Stadtaus-
gang von Swinemünde, nahe der ul. Grun-
waldzka in Richtung Garz, Anklam, Berlin |
Mobiltelefon 505 13 63 93 |
www.hipo-terapia.pl

Angelgenehmigung für Sportangeln
Büro des Inspektors für Seefischerei
im Gebäude des Hafenamtes
Ul. Wybrzeże Władysława IV 7 |
Tel (91) 322 32 20

**⚭ Flughafen Heringsdorf: Erlebnis-
welt Hangar 10**
Ausstellung historischer Fluggeräte.
Simulationen in einem interaktiven
Simulator. Zahlreiche Spielmöglich-

keiten. Restaurant mit Panorama-
blick auf die Ausstellung und den
Flugplatz.
An der Haffküste 1 | Hangar 10a |
17419 Zirchow | Tel (038376) 295 10 |
www.hangar10.de |
Mo, Mi-So 10-18 Uhr,
Okt.-Mai Mo, Do-So 10-16.30 Uhr. |
Erw. 10 Euro, erm. und Jugendliche 8 Euro,
Kinder 4-12 Jahre 6 Euro

Tanzen/Dancing
Albatros
An der Promenade, im Sommer sehr
beliebte Disco. Getanzt wird auf der
großen Sommerterrasse des gleich-
namigen Restaurants. Abends Live-
Musik, oft proppenvoll. Im gleichen
Gebäude Pub & Disco *Alibi.*
Ul. Żeromskiego 1 | Tel (91) 321 36 44

Złota Rybka
Viele polnische Paare schwingen
gerne da ihre Beine und Hüften, wo
sie gerade essen und trinken. Da bot
sich das freie Sandplätzchen auf der
Stranddüne neben der Fischbude
geradezu als sommerlicher Dance-
floor an. Apr.-Nov.
Ul. Żeromskiego |
Strandzugang Höhe Ul. Nowowiejskiego

Kellerclub Piwnica
Bar, Pub und Disco mit Kultstatus. Etliche Swinemünder schwören, dass
es hier im Keller mit seiner schumm-
rigen Baratmosphäre die besten Piroggen der ganzen Stadt gibt! Aber
Mittelpunkt des Clubs ist die Tanzfläche, es dominiert der Sound aus den
70er, 80er und 90er Jahren. Richtung
Grenzübergang Gartz, rund zwei Ki-

lometer vom Zentrum entfernt.

Ul. Mazowiecks 72b | Tel (91) 321 90 27 | www.piwnica-swinoujscie.pl | Di-Do 19-2, Fr/Sa 19-5 Uhr

via: Tipp Dancing Scaljano

Disco und Bar. Ob Ü 40 oder U 40, grazil wie ein Engel oder schon ein bisschen eingerostet und hüftsteif – vollkommen egal. Vergnügliche und ausgelassene Generationen-Bewegung auf der großen Tanzfläche bei gut sortierter Pop- und Beatmusik. An den Wochenenden ganzjährig oft voll. Empfehlenswert!

Ul. 4/Eingang ul. Energetyków | Tgl. 15-22 Uhr, Dancing 19-22 Uhr, im Sommer bis 23 Uhr

Märkte, Läden & Galerien

Grenzmarkt

Je nach nationaler Sichtweise „Polenmarkt" oder „Deutschenmarkt" genannt. Hier, rund 200 m vom deutsch-polnischen Grenzübergang entfernt, gibt es tatsächlich alles, was sich in Tüten oder in einem Pkw verstauen lässt, noch immer zu recht günstigen Preisen: Kleidung, Schuhe, Parfüme, Musik-CDs, DVDs, Gläser und Kristalle, Obst, Gemüse, Käse und Wurstwaren, Beeren und Pilze, Räucheraal, Gartenzwerge, Korbmöbel, Antiquitäten, Autoersatzteile und Zigaretten. Feilschen erlaubt. Aber achten Sie auf die bestehenden Zollbestimmungen!

Ul. Wojska Polskiego | Tgl. 9-16 Uhr

Wochenmarkt

Regionale Produkte, Kleidung, Schuhe, sehr günstig. Jeden letzten Samstag im Monat Flohmarkt.

Ul. Kołłataja 4a | Mo-Sa ab 8 Uhr

Galeria Promenada

2015 eröffnetes Kaufhaus mit vielen Geschäften, direkt an der Promenade nahe der Konzertmuschel.

Ul. Żeromskiego | www.galeriapromenada.pl

Centrum Handlowe

Kleines Kaufhaus mit Supermarkt.

Ul. Grunwaldzka | Mo-Sa 9-19, Supermarkt 7-21 Uhr, So 10-16, Supermarkt 9-20 Uhr

Antyki (Salonik Antykwaryczny)

Einer der schönsten Läden in der Stadt. Kleine und größere Augenweiden bis unter die Decke: Möbel, Gemälde, Schmuck, Porzellane, Figürchen, Edles und Drolliges.

Ul. Boh. Wrzesnia 52/9 | Tel (91) 327 01 35 | www.antykwariat.swi.pl | Mo-Fr 10-18, Sa 10-14 Uhr

Kunststätte 44 (Miejsce Sztuki 44)

Der bekannte polnische Künstler *Andrzej Pawełczyk* eröffnete im Frühjahr 2013 eine Galerie für zeitgenössische Kunst, in der verschiedene Kunstformen vorgestellt werden. Der Name der Galerie bezieht sich sowohl auf die Anzahl der Inseln, auf denen Swinemünde liegt, als auch auf eine romantische Zahlenmagie des polnischen Nationaldichters *Adam Mickiewicz.*

Ul. Armii Krajowej 13 | nahe Hafen

Feste & Veranstaltungen

Ende Juni: Meerestage mit Neptunparade.

Juni-Ende August: Internationales Musikfestival mit Orgelabenden in der König-Christuskirche (jeden Fr ab 19 Uhr).

Juli: *Cooltur-Karussell* mit Konzerten, Theateraufführungen, Happenings, Ausstellungen.

Juli: *FAMA*-Künstlerfestival der Studenten.

August: *Sail Świnoujście* mit spektakulärer Segelschiffsparade.

Mitte August: *Wiatrak*, internationales Shantyfestival.

Anfang September: Usedom-Marathon von Swinemünde nach Wolgast.

Silvester: Strandfeuerwerk an der Pommerschen Bucht – in Swinemünde, Ahlbeck, Heringsdorf und Bansin.

Das Herz Swinemündes: der lebhafte Plac Wolności (Freiheitsplatz)

Wollin

N ↑

4 km

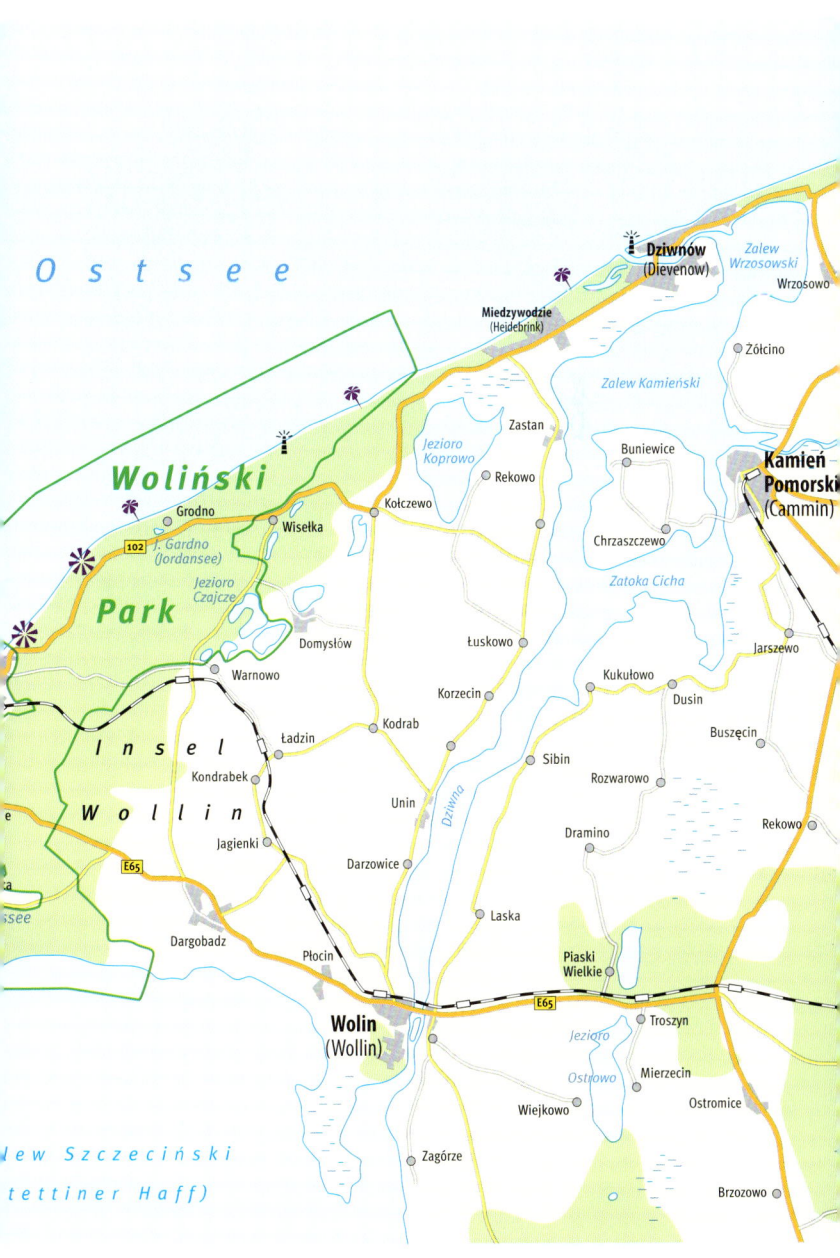

O s t s e e

Dziwnów
(Dievenow)

Zalew Wrzosowski

Wrzosowo

Miedzywodzie
(Hejdebrink)

Żółcino

Zalew Kamieński

Zastan

Buniewice

Kamień Pomorski
(Cammin)

Jezioro Koprowo

Rekowo

Woliński

Grodno

Kołczewo

Chrzaszczewo

Wisełka

102 *J. Gardno*
(Jordansee)

Zatoka Cicha

Jezioro Czajcze

Park

Domysłów

Łuskowo

Kukułowo

Jarszewo

Dusin

Insel

Warnowo

Korzecin

Buszęcin

Ładzin

Kodrab

Wollin

Kondrabek

Sibin

Rozwarowo

Rekowo

Unin

Jagienki

Darzowice

Dramino

E65

Dziwna

Laska

Dargobadz

Płocin

Piaski Wielkie

E65

Troszyn

Wolin
(Wollin)

Jezioro Ostrowo

Mierzecin

ew Szczeciński

Wiejkowo

Ostromice

tettiner Haff)

Zagórze

Brzozowo

Insel Wollin

Highlights in und um Wollin

★ **Wolliner Nationalpark:**
Naturidylle und urige Wald-
rinder

★ **Kliffküste bei Misdroy:**
Feiner Sand unter den Füßen,
Meeresgeruch in der Nase

Die Insel Wollin (*Wyspa Wolin*) wird
durch die Odermündungsarme
Swine (*Swina*) und **Dievenow** (*Dziwna*) gebildet und riegelt zusammen
mit Usedom das Stettiner Haff, *Zalew
Szczeciński*, vom Baltischen Meer ab.
Wollin lässt sich in drei landschaftliche Zonen einteilen. Der äußerste
Westen ist eine geologisch sehr junge Halbinsel mit moorigen Böden
und Dünen, das Resultat des Verlan-
dungsprozesses der so genannten
„Swinepforte". Östlich davon stößt
die Ostsee an die steil abfallende
Endmoräne, die sich in Nord-Südrich-
tung erstreckt und gegen das Haff
und die Ostsee eine bis zu 95 Meter
hohe, sehr wilde Kliffküste bildet. Die
höchste Erhebung dieses landschaftlich reizvollen und bewaldeten Mo-
ränenzuges erreicht der **Grzywacz-
Berg** mit 116 Metern. Weiter östlich
folgt eine flachere Grundmoränen-
landschaft, die vor allem im Uferbereich der *Dziwna* stark moorig ist.
Von **Soldemin** (*Sułomino*) bei der

Ortschaft Dargobanz (*Dargobądz*)
im Südwesten der Insel eröffnet sich
ein großartiger Blick auf das Stettiner
Haff. Der ★ **Wolliner Nationalpark**
(▶ Seite 14) schützt größere Teile der
Insel und die Ausstellung des Park-
museums in Misdroy ist unbedingt
sehenswert! Dort lassen sich auch die
Wisente beobachten, die fast schon
ausgestorben waren (▶ Seite 183,
Entdeckertour 6).

Archäologische Ausgrabungen
beweisen, dass dieser von der letzten Eiszeit geformte Landstrich am
Wasser schon in der Bronzezeit eine
beliebte Wohngegend war. Germa-
nische Stämme siedelten hier auf der
Insel schon ab 1800 v. Chr. Sie blieben gut 2.000 Jahre. Erst im Zuge der
großen Völkerwanderung verließen
sie die baltische Küste und machten
sich auf in wärmere Gefilde. Gegen
700 n. Chr. rücken slawische Wenden
aus dem Osten nach. Sie leben von
Ackerbau, Viehzucht und dem Fischfang. Aber bald auch vom Handel,
auf mittelalterlichem Weltniveau. Ihre bedeutendste Siedlung war die In-
selstadt *Jomsburg*, das heutige Wollin. War das, wie oft vermutet, wo-
möglich die sagenumwobene Stadt
Vineta? Die tatsächlich superreiche
Hafen- und Handelsstadt lockt um
das Jahr 950 plündernde Seekrieger
mit großen Drachenschiffen an: **Wikinger**. Sie gründen hier Handelsnie-
derlassungen und bauen Burgen entlang der Dievenow *(Dziwna)* bis zur
Ostseemündung.

Wild und wunderschön: der Wolliner Nationalpark

STECKBRIEF Insel Wollin

Verwaltung: Wojwodschaft West-
pommern
Einwohner: 30.000
Fläche: 247,8 qkm
Hauptort: Stadt Wollin (*Wolin*)
Geographische Lage: Zwischen
der Ostsee, den Mündungsflüssen
Swine und Dievenow sowie dem
Stettiner Haff
Wirtschaft: Vorwiegend Bäder-
Tourismus und Kurbetrieb, Fische-
rei, Waldwirtschaft

Heute legen im Sommer touristische **Wikinger- und Piratenschiffe**
im Badeort Dievenow (*Dziwnów*) ab
und segeln wie einst die bärtigen Hü-
nen aus dem Norden den östlichen
Mündungsfluss der Oder auf und ab,
ein besonderes Urlaubsvergnügen
für die Kinder. Groß und Klein, als Wikinger verkleidet, treffen sich jährlich
im August auch beim spektakulären
Wikingerfest in der Stadt Wollin.
Dort können wir das kleine **Heimat-
museum** wärmstens empfehlen. Es
informiert ausführlich über die alten
Zeiten, als der dreiköpfige Slawen-
gott *Triglaw* noch verehrt wurde und
die skandinavischen Wikinger die
Ufer der Insel unsicher machten.

Reif für die Insel?

Deutsche Kolonisten lassen sich nach
der Christianisierung im 12. Jahrhundert auf der Ostseeinsel als Fischer und Bauern nieder. Im Jahre
1648, am Ende des Dreißigjährigen
Krieges, werden sowohl Usedom als
auch Wollin schwedisch. Beide Inseln
kommen 1720 ebenso wie Stettin zu
Preußen. Und 1945, nach dem Zweiten Weltkrieg, wird Wollin schließlich zum polnischen *Wolin*. Gut 100
Jahre zuvor hatte man die Insel genau vermessen und parzelliert. In
die Inselchronik notierte man: Wollin
ist mit einer Größe von fast 250 qkm
die drittgrößte Insel der Ostsee, aber
deutlich kleiner als ihre westliche
Schwesterinsel Usedom (445 qkm).
An der breitesten Stelle misst sie
rund 20 Kilometer, an der schmalsten
Stelle bei dem Seebad Heidebrink
(*Międzywodzie*) gerade mal knapp 5
Kilometer. Doch für die zahlreichen
Sommergäste war und ist eine andere Zahl aus der Inselstatistik weit
interessanter: Wollin besitzt einen
wunderbaren, 35 Kilometer langen,
feinkörnigen **Ostseestrand!** Und
dazu ein überaus mildes **Reizklima**
mit salzhaltiger Ostseeluft. Wollin ist
vielleicht tatsächlich noch ein kleiner Geheimtipp (pssst, nicht weiter
sagen!), ganz sicher ein erholsames
Dorado für Körper und Seele, für Frei-
zeitsportler wie Segler, Angler, Wanderer, Radler, für Naturliebhaber und
besonders auch für Familien mit Kindern, die hier beste und preisgünstige Bedingungen vorfinden.

Misdroy

Die einstige mondäne Ostseeperle Misdroy (*Międzyzdroje*, gesprochen *mi en dsis droje*) ist das Ferienzentrum der Insel Wollin und eins der beliebtesten Seebäder Polens. Milder als hier ist das Klima an der ganzen polnischen Ostseeküste nicht. Das liegt an der außerordentlich günstigen Lage des Städtchens: Die steil ansteigende und mächtige Misdroy-Wolliner Endmoräne schützt die Ortschaft vor den rauen Ost- und Nordostwinden. Ein bisschen vornehmer sein als andernorts – so wie früher –, das scheint man hier wieder anzustreben.

Geschichte des Seebads

In der Mitte des 16. Jahrhunderts wird das kleine Fischernest *Mizze drawe* erstmals urkundlich erwähnt. Der Name bedeutet „zwischen den Quellen", schließlich sprudelten einst zahlreiche Solequellen in den umliegenden Wäldern. Ganz versiegt sind sie bis heute nicht. Zusammen mit der jodhaltigen Seeluft und den Heilmooren dienen sie bei der Behandlung von Erkrankungen der Atemwege, bei Bluthochdruck und bei Herzneurosen. Der Aufstieg Misdroys zu einem der berühmtesten Ostseebäder beginnt im Jahre 1835 noch ganz bescheiden. Aber immerhin schon mit einem geregelten Badebetrieb.

Der Strand an der Kliffküste bei Misdroy verspricht Badevergnügen für Jung und Alt

1850 können die damals 317 Einwohner bereits mehr als 500 Badegäste begrüßen.

Kurz darauf sichert und parzelliert man das Dünengelände, die ersten Pensionen wachsen aus dem Sand, ab 1869 kommen Feriendampfer aus Stettin, 1899 tuckern Lokomotiven von Wollin hierher. Um die Jahrhundertwende werden schon weit mehr als 10.000 Kurgäste gezählt. Misdroy wird zum Inbegriff des noblen und eleganten Seebades. Die preußische *Haute volee* promeniert bald an den Gestaden der Ostsee, sogar der nachmalige Kaiser *Friedrich III.* verbringt hier regelmäßig seinen Prinzenurlaub. Alles, was im Deutschen Reich des späten 19. und frühen 20. Jahrhundert Rang und Namen hat (oder haben will) reiste im Sommer hierher, sah und wurde gesehen. Ein gewisser Prinz *Claus von Amsberg* besucht zwischen 1938 und 1942 die hiesige *Baltenschule*, bevor er die holländische Königin *Beatrix* ehelicht. Es sind aber vor allem reiche Berliner und Stettiner, die sich hier stattliche Villen mit Seeblick bauen.

Kaum von Zerstörungen im Zweiten Weltkrieg betroffen, wird Misdroy 1945 polnisch, in **Międzyzdroje** umbenannt und zum Kurort für die Werktätigen der Volksrepublik Polen. Die alten Hotels und Pensionen werden nun in staatliche Ferienheime und Arbeitersanatorien verwandelt. Aus dieser vergangenen Zeit blieben einige Höhe-Punkte der Stadt stehen – in typischer realsozialistischer Manier hochgezogene Hotelkomplexe

am östlichen Ende der Promenade wie das *Slavia* und das *Merlin*. Architektonisch gewiss kaum attraktiver ist der monströse Bau des *Amber Baltic Hotels*, den man in der Nachwendezeit direkt auf den Strand pflanzte. Es gehört aber zu den komfortabelsten an der ganzen Ostseeküste. Glücklicherweise haben auch etliche Gebäude in alter Bäderarchitektur die stürmischen Zeiten überdauert. Sie stehen vor allem an oder nahe der langen Strandpromenade.

Sehenswertes in Misdroy

Auf die rund 5.500 Einwohner kommen heute nahezu eine halbe Million Urlauber jährlich. Man kann sich leicht vorstellen, wie diese Massen das sommerliche Leben der kleinen Ortschaft am Übergang von der Dünen- zur Kliffküste für zwei bis drei Monate dominieren und prägen.

Ein bisschen vornehmer sein als andernorts – so wie früher vor dem Krieg –, das scheint man hier wieder anzustreben. Die landschaftliche Schönheit der Umgebung kann da ihren Teil dazu beitragen.

Promenade & Strand

Pünktlich zu Saisonbeginn werden an der drei Kilometer langen **Promenade** hölzerne Buden aufgebaut, an denen die Besucher bald für frischen Backfisch, Gegrilltes, Eis, Waffeln, Süßigkeiten, Nützliches für den Strand, Bernsteinketten und allerlei Souvenirs anstehen. Handtuch an Handtuch, Leib an Leib liegt man im Som-

Fischerhafen

Ostsee

200 m

N

Hotel
Amber
Baltic

Seebrücke

Kinder-
spiel-
platz

Kulturhaus
Wachsfigurenkabinett

Campingowa

Promenada Gwiazd

Ludowa

Pomorska

102

Zwycięstwa

Książąt Pomorskich

Wolinski Park
Narodowy

Parkowa

I. Krasickiego

Zdrojowa

Bohaterów Warszawy

Piastowa

Gryfa Pomorskiego

Cicha

Dąbrówki

Sportowa

Aleja Róż

Myśliwska

Mieczka I

Nowomyśliwska

Komunalna

Międzyzdroje
(Misdroy)

Naturkunde-
museum

Busbahnhof
H

Niepodległości

Słowiańska

Morska

Krótka

Światowida

Grażyny

Gryfa Piastów

Lipowa

Leśna

Leśna

Bukowa

Kolejowa

Marii Dąbrowskiej

Emilii Plater

Piastowska

Kolejowa

Informations-
zentrum
Nationalpark

Przy Wodociągach

Ustronie Leśne

Cmentarna

Za Torem

Międzyzdroje

mer auf dem breiten Sandstrand – jedenfalls mehrere hundert Meter links und rechts des klobigen *Amber Baltic*. Ein kleiner Strandspaziergang führt aber schnell in sandige Gefilde, wo man sich bedenkenlos ausstrecken kann. Am Abend mischen sich entlang der Promenade und am **Amphitheater** volkstümliche Töne polnischer Folklore mit hämmernden Discorhythmen. Das Seebad verwandelt sich in einen tosenden Rummelplatz. Ende August ist das Sommerspektakel schlagartig vorbei. Ruhe und Beschaulichkeit ziehen wieder ein.

Zu den schönsten erhaltenen Gebäuden im Stil der Bäderarchitektur gehört das ehemalige *„Lejeunsche Schloß"*. Es ist nach einem reichen Berliner Unternehmer benannt, der die noble Villa 1857 im italienischen Stil ganz nah an die Ostseewellen erbauen ließ. Die Gemeinde erwarb das schlossartige Gebäude um 1890 und nutzte es fortan als Kurhaus. Heute residiert hier das **Internationale Kulturhaus**. Es beherbergt ein **Restaurant**, ein **Café** und eine beliebte **Disco**. Nebenan ist ein **Wachsfigurenkabinett**. Das neuerbaute Amphitheater ist dem Musikpavillon von 1905 nachempfunden. Schön anzusehen sind zahlreiche kleinere **Jugendstil-Villen** aus dem frühen 19. Jahrhundert und, in den benachbarten Straßen und Gassen, einige alte, stattliche **Holzhäuser**, die russische und tirolische Stilelemente erkennen lassen. Der **Kurpark Fryderyk Chopin** aus dem 19. Jahrhundert liegt in einer tiefen Senke südlich der Promenade. Eine schöne grüne Oase im Herzen des Seebads mit alten Eichen, Ulmen, Birken, Buchen und Linden, Lebensbäumen und mächtigen Platanen.

Tipp Fischerhafen

Hier am Misdroyer Fischerhafen ist in den letzten Jahren eine Art kleiner Fischerkiez entstanden, mit vielen Bretterbuden und einfachen Selbstbedienungs-Restaurants, aber mit schönen Strandterrassen. Im großen Angebot: geräucherter und gebratener Fisch. Dorsch, Scholle, Zander, Seezunge, Lachs, Steinbutt, Heilbutt. An dieser Strandstelle werden die gelben Fischerboote mit Seilwinden aus dem Meer gezogen. Pittoresk liegen die Kutter auf dem fast weißsandigen Strand, aufgeregt kreischende Möwen fliegen tief über sie hinweg, um Fischabfälle zu ergattern. Ein malerisches Idyll für die Touristen, ein harter Arbeitsplatz mit kargem Einkommen für die Fischer und ihre Familien.

Am östlichen Ende der Promenade, wo auf der einen Seite die Hochhaus-Ungetüme aus den 1970er Jahren in den Himmel ragen, steht oberhalb des Strandes ein stattliches Gebäude aus dem späten 19. Jahrhundert. Das rote Backsteinhaus, verziert mit einem Türmchen auf dem Dach, war früher die Bootsremise des Küstenrettungsdienstes. Heute dient es als Fischrestaurant mit maritimer Dekoration. Dort führt ein Weg runter zum Standort der Fischer, die hier das ganze Jahr über frischen und geräucherten Fisch verkaufen.

Seebrücke

Schon 1885 entstand ein erster Seesteg, der aber mehrmals durch Stürme oder Packeis zerstört wurde. Im Jahre 1906 hat man die neue Brücke auf damals rekordverdächtige 360 Meter verlängert und 2005 schließlich großzügig auf beachtliche 395 Meter nochmals erweitert. Seitdem dient ihre Spitze als **Dampferanlegestelle** für die Ausflugsdampfer, die im Sommer regelmäßig nach Ahlbeck und Heringsdorf auf Usedom unterwegs sind. Die Türme im Eingangsbereich sind dem Vorkriegsoriginal nachempfunden, ebenso die Halle mit Geschäften, Bistros, Bars und Disco. Der weite, mit Rabatten geschmückte Vorplatz der Seebrücke wird in der Hauptsaison zu einem Jahrmarkt mit Verkaufsbuden für Nippes, Strandutensilien, Bernstein, für mehr oder weniger talentierte Straßenmusiker, Gaukler und andere Künstler.

Promenade der Stars

Direkt neben dem Hotel *Amber Baltic* liegt die bekannteste Meile der Stadt, die *Aleja Gwiazd*, die Promenade der Stars. Hier haben seit 1996 wäh-

Mit warmer Jacke macht der Strandspaziergang auch bei steifer Brise Spaß

rend des jährlich im Sommer statt-findenden **Filmfestivals** bisher mehr als 100 der beliebtesten polnischen Leinwandstars ihre Handabdrücke in Bronze verewigt. Darunter auch Regisseur *Roman Polanski*. Ein **Walk of Fame** ganz wie in Hollywood. Einige Bronzestatuen in Lebensgröße erinnern an polnische Superstars, etwa an den beliebten Mimen *Gustaw Holoubek* (1923-2008).

Pfarrkirche

Der neugotische, rote Backsteinbau mit achteckigem Turm steht auf der Königshöhe, einem Hügel am Rande der Ortschaft. Er entstand 1862 nach Entwürfen des preußischen Hofarchitekten **Friedrich August Stüler** sowie des preußischen Königs *Friedrich Wilhelm IV.*, der den Kirchenbau auch finanziell unterstützte. Die berühmte **Orgel** ertönt unter anderem zu Konzerten im Rahmen des Internationalen Festivals des Chorliedes.

Nahe Umgebung von Misdroy

Der größte Inselort ist ein günstiger Ausgangspunkt für kleinere Wanderungen entlang der Kliffküste und in das Schutzgebiet des Wolliner Nationalparks.

★ Strand...

Der **rot markierte Wanderweg** führt am östlichen Ende der Misdroyer Strandpromenade – bei den Fischern – **am Strand die Kliffküste entlang,** der schwarz markierte auf den Buckel der Endmoräne. Rund 10 Kilometer ist man bei der Strandwanderung bis zur Ortschaft **Wisełka** unterwegs, eine Rückfahrt mit dem Bus ist möglich. Der hier relativ schmale

und naturbelassene Strand kann vor allem im Herbst und Winter streckenweise ziemlich steinig sein, hier und da behindern auch mal von der Kliffwand herabgestürzte Bäume ein unbeschwertes Weitergehen. Aber meist gibt es keine Probleme. Nach etwa zwei Stunden erreicht man nach der letzten Kliffbiegung den hier wieder herrlich breiten und feinkörnigen Sandstrand von Wisełka. Spätestens dann hat man sich den Sprung in die kühlen Ostseewellen verdient. In der Mitte des Strandes führt eine Holztreppe in den Kiefernwald, der Ort selbst liegt 1,2 km entfernt. Unterwegs zweigt ein Waldpfad (weiterhin rote Markierung) mit mehreren eiszeitlichen Findlingen, *Piastenfelsen* genannt, ab. Steiler Anstieg auf die Anhöhe *Straznica*, dann steht man plötzlich vor dem 1962

Am „Walk of Fame" Misdroys

vom Aussichtsturm zum **Leucht-turm** umgebauten *Kikut* (3 km). Er ist schön anzuschauen, allerdings nicht zugänglich. Die **Bushaltestelle** befindet sich im Zentrum von *Wisełka* an der Wojwodschaftsstraße 102. Von dort fahren stündlich Busse zurück nach *Międzyzdroje*. Gegenüber der Haltestelle können Sie im Restaurant *Perła* einkehren. Wenige Schritte entfernt kann man sich im sauberen Badesee *Jez. Wisełka* das Meeressalz von der Haut waschen.

...oder Berg

Bei den Misdroyer Fischern schlängelt sich rechter Hand der **schwarz markierte Pfad** zum **Kaffeeberg** und zum **Gosanberg** hoch. Von dort oben genießt man herrliche Ausblicke auf die Pommersche Bucht und die Küste von Usedom (▶ Seite 183, Entdeckertour 6).

PRAKTISCHE TIPPS

Verbindungen
Bahn: Züge (PKP) fahren regelmäßig nach Swinemünde und Stettin (9-10x tgl.). Ebenfalls zu allen anderen Städten der Umgebung.
Bus: Busse (PKS) verkehren nach Swinemünde ganzjährig Mo-Fr zwischen 5.40 und 19.30 Uhr mindestens stündlich. Im Juli/August auch mehrmals Sa und So.
Schiffe & Fähre: Ausflugsdampfer pendeln von Apr. bis Okt. tgl. nach Ahlbeck, Heringsdorf und Bansin. Die Fähre von Wollin nach Usedom/Swinemünde verkehrt Tag und Nacht, tagsüber alle 30 Minuten.
Auto: Nationalstraße 3 nach Swinemünde, Nationalstraße 3/E65 nach Stettin, Wojwodschaftsstraße 102 an der Küste entlang in Richtung Kolberg.

Information
Informacja Turystyczna
In den Sommermonaten im Pavillon neben dem Kulturhaus an der Promenade, im Winter im Kulturhaus.
Ul. Boh. Warszawy 20 | Tel (91) 328 27 78 | www.miedzyzdroje.pl | Tgl. 9-17 Uhr, Okt.-Apr. nur Mo-Fr 9-17 Uhr

PTTK
Hinter der polnischen Abkürzung für *„Polskie Towarzystwo Turyszycz-no-Krajoznawcze"* verbirgt sich der **Polnische Verein für Tourismus und Landeskunde**. Ist ein guter Ansprechpartner für Paddel-, Fahrrad- und Reitertouren oder Tipps zu günstigen Pensionen, Jugendherbergen sowie Anlegestellen für Wasserwanderer.
Ul. Kolejowa 2 | Tel (91) 328 04 62 | www.pttk-miedzyzdroje.com | Während der Saison tgl. 9-17 Uhr

Stadtrundfahrt
Halbstündige Stadtrundfahrten mit der blau-weißen Bimmelbahn des **Misdroy-Express**, mit Erläuterungen auf Deutsch. Im Sommer Abfahrt alle 40 Minuten zwischen 10.20 und 17 Uhr an der Allee der Sterne (*Alei Gwiazd*) nahe Hotel *Amber Baltic*.
www.cyrus-tours.pl | Erwachsene 12 zł, Kinder 5-12 Jahre 6 zł

Übernachten

Villa Stella Maris

Zweifellos das Schmuckstück unter den Misdroyer Hotels, 2006 nach grundlegender Restaurierung eröffnet, viele Teile wie das Treppenhaus und die alten Kachelöfen sind original aus der Hochzeit des Bades erhalten. Jedes Zimmer ist ein Unikat, luxuriös eingerichtet, barrierefrei, Strandnähe. Restaurant *La Spezia* serviert italienische, thailändische und altpolnische Gerichte.

Ul. Boh. Warszawy 13 | Tel (91) 328 04 81 | www.villa-stella-maris.com | €€€

Amber Baltic

Recht monströse Bettenburg in Form eines Schiffsbugs diekt am Strand, sehr komfortabel, alle 190 Zimmer haben Balkon mit Seeblick. Günstige Angebote bei mehrtägigen Aufenthalten in den Wintermonaten, Restaurant, Disco, Bar, Hallenbad, Swimmingpool, Fahrradverleih, Wiener Café. Zum *Amber Baltic* gehört das *Hotelschiff Hansa*, das 4 km entfernt am *Wickosee* ankert.

Promenada Gwiazd 1 | Tel (91) 328 10 00 | www.hotel-amber-baltic.pl | €€-€€€

Aurora

4-Sterne-Hotel an der Mole, Hallenbad und Sauna, schönes Haus in Bäderarchitektur, Restaurant mit guten Fischgerichten.

Ul. Boh. Warszawy 17 | Tel (91) 328 12 48 | www.hotelaurora.pl | €€-€€€

Nautilus

Schönes Gebäude in Bäderarchitektur nahe Strand, stilvoll eingerichte-

te Zimmer, auch Studios für 2-4 Personen. Restaurant *Atlantis*.

Promenada Gwiazd 8 | Tel (91) 328 09 99 | www.hotel-nautilus.pl. | €€-€€€

Villa Martini & Ristorante

Neues Hotel mit viel Komfort und großem Spa-Bereich. Im Zentrum nahe Strand.

Ul. Ludowa 9 | Tel (91) 328 28 38 | www.villa-martini.pl | €€€

Trofana

Neueres Hotel nahe der Promenade, sehr ansprechendes Äußeres mit Sommerterrasse, 40 Zimmer mit hohem Standard, barrierefrei, kleines Hallenbad, mehrere Saunen, Anwendungsabteilung, Restaurant mit polnischer Küche.

Ul. Zdrojowa 9 | Tel (91) 328 04 82 | www.trofana.pl | €€

Golden Tulip Residence

4-Sterne-Apartmenthotel, im Küstenwald am westlichen Ende der Promenade, Wellnessbereich.

Ul. Gryfa Pomorskiego 79 | Tel (91) 350 86 00 | www.goldentulipresidence.com | €€

Marina

Im Zentrum, 500 m zum Strand, gutes Restaurant.

Ul. Gryfa Pomorskiego 1 | Tel (91) 328 04 49 | www.marinahotel.az.pl. | €-€€

Rehabilitations- und Erholungszentrum Grodno II

Grandiose Lage im Kiefernwald direkt am Kliff, hier darf man zwischen *Neptun* und *Zeus* wählen, zwischen den zwei Hotelgebäuden mit unterschiedlichem Standard und Preislage. Eigener (steiler) Zugang zum Strand, Waldweg geht von der Straße nach *Wisełka* ab.

Tel (91) 328 04 90 | www.grodno2.pl

Ferienwohnungen

Wolin-Travel

Appartements und Ferienwohnungen mit 1-3 Zimmern, viele in Strandnähe.

Ul. Turystyczna 2 | Tel (91) 328 27 74 | www.wolin-travel.com | €-€€

PTTK-Gästehaus

An der Hauptstraße, einfache Ausstattung, Bad und WC auf dem Flur, freundliche Atmosphäre.

Ul. Kolejowa 2 | Tel (91) 328 04 62

Camping Nr. 24

Kategorie 1, 500 m zum Strand, auch Zimmer, Bar. Barrierefrei.

Ul. Polna 10 | Tel (91) 328 23 55

Essen & Trinken

Die besten Restaurants in Misdroy befinden sich in den Hotels. Es gibt aber einige erfreuliche Ausnahmen in der Fußgängerzone um den *Plac Neptuna* herum und dann vor allem am nördlichen Ende der Strandpromenade – bei den Fischern. Hier kann man hervorragenden, frischen Fisch essen.

Restaurant Dolce Vita

Gute italienische Küche: Pizza, Pasta, Salate, Steaks und Fisch, alles frisch zubereitet, großes Weinangebot.

Plac Neptuna | Tel (91) 328 17 70 | Tgl. ab 11 Uhr

Das neue Fischlokal „Port" im ehemaligen Gebäude des Küstenrettungsdienstes

Tawerna Róża Wiatrów

In der „Windrose" gibt es Gegrilltes, Salate und Snacks, aber auch eine große Auswahl an Whiskeys und an Bieren (Guinness). Rustikal-maritimes und gemütliches Ambiente, zentral in der Fußgängerzone gelegen. Kleine Sommerterrasse.

Plac Neptuna 8c | Tel (91) 328 26 30

Restaurant & Pub First

Fisch- und Fleischgerichte, sehr lecker. Moderate Preise. Rustikal eingerichtet, freundliche Atmosphäre. Am Kurpark, Sommerterrasse.

Ul. Krasickiego 10 | Tel (91) 328 15 16

Restauracja Port

Sehr gutes Fischrestaurant im Backsteingebäude des ehemaligen Seewachschutzes. Sommerterrasse. Direkt an der Stranddüne.

Promenada Gwiazd 13 |
Tel (48) 601 72 06 43 |
www.port-miedzyzdroje.pl | Tgl. 10-23 Uhr

Eiscafé Melba

Seit über 40 Jahren für´s Eis (*Lody*) in Misdroy zuständig. Die Kinder von damals kommen heute als Omis mit ihren Enkeln. Allerdings wird heute amerikanisches Softeis geschleckt.

Pl. Neptuna 5

Ein Badeparadies von vielen an der polnischen Ostsee: der Strand von Misdroy

Eden Restaurant
Polnische Küche, leckere Fischgerichte. Strandnähe, schöne Sommerterrasse.
Promenada Gwiazd 7 |
Tel (48) 665 65 30 19

Aktivitäten

**Naturmuseum des Nationalparks
(Muzeum Przyrodnicze)**
Die Ausstellungen umfassen die Bereiche Flora, Waldtiere, Vogelwelt und Seefauna. Die Vielzahl der Exponate präparierter Tiere reicht von einem Seeadlerpaar über den seltenen Schwarzstorch bis hin zu einem ausgewachsenen Tümm-

ler. Ein gewaltiger Wisentkopf blickt grimmig von einer angestrahlten Wand auf die Besucher. Eine weitere ständige Ausstellung zeigt beeindruckende Bernsteinfunde. In der großen Voliere im Außenbereich des Museums sind einige Seeadler zu bestaunen.
Ul. Niepodłegłości 3 | Tel (91) 328 07 37 |
Di–So 9–17 Uhr, im Winter Di-Sa bis 15 Uhr

Wisentgehege Insel Usedom
Wiesenstraße 9 | 17419 Prätenow |
Tel (0162) 163 77 79 |
www.wisentgehege-usedom.de |
Ostern-Okt. 10-17 Uhr, sonst 10.30-15.30 |
Fütterungszeiten 10.30 und 14.30 Uhr

XX Wisentgehege Misdroy
(▶ Seite 183, Entdeckertour 6)
Auch vom Parkplatz Kwasowo an der
Wojwodschaftsstraße 102 rund 2 km
nördlich von Misdroy aus gut zu er-
reichen.
1.5.-30.9. von 10-18 Uhr außer Mo |
1.10.-30.4. von 8-16 Uhr außer So/Mo |
Eintritt 6 zł, erm. 4 zł

**Wachsfigurenkabinett (Gabinet Figur
Woskowych)**
Direkt an der Promenade (gegenüber Amphitheater). Promis aus
Wachs von Charly Chaplin bis Oba-
ma.
Ul. Boh. Warszawy 19 | Tel (91) 328 25 70 |
www.woskowe.pl

Golfen
Amber Baltic Golf Club
Infos an der Rezeption des Amber

Baltic Hotels.
Ul. Bałtycka 13 | 72-514 Kolczewo |
Tel (91) 326 51 10 | www.abgc.pl

Einkaufen
Die besten Einkaufsmöglichkeiten
mit vielen kleinen Läden gibt es in
der **Fußgängerzone**, in der *ul. Swi-
atowida*.

Einkaufszentrum Pasaż Pod Gryfem
Zahlreiche Geschäfte. Vielfältiges
Angebot. Wunderbares **Antik-Café**.
Großer Parkplatz.
Ul. Gryfa Pomorskiego 21-25 |
www.pasazpodgryfem.pl | Mo-So 9-21 Uhr

Nachtleben & Unterhaltung
Restaurant & Club Scena
Im Kulturhaus, Eingang an der Promenade. Tagsüber Restaurant,
abends und nachts Musikclub und

Der internationale Radwanderweg R 10 ist gut gekennzeichnet

Einsame Strandspaziergänge bei Misdroy

Disco. Prächtig ausgestattete Räume mit bequemen Sofas.
Ul. Boh. Warszawy 20 | (an der Promenade, gegenüber Amphitheater) | Tel (91) 664 50 22 22 | www.scena-club.pl

Disco Paradise
Direkt an der Mole, im Sommer Non-Stop-Disco mit Live-Musik.
Ul. Boh. Warszawy | Tel (91) 328 04 79

Feste & Veranstaltungen
Juni: Neptunfest vor der Seebrücke.

Ende Juni/Anfang Juli: Internationales Festival des Chorliedes.

Juli: Festival der Filmstars, eine beliebte Institution in Polen mit attraktiven Kulturangeboten, Stars hautnah erleben rund um den Misdroyer „Walk of Fame".

August: Festival *Sea & Sky*, Treffen der besten Kitesurfer.

Seebäder Heidebrink & Dievenow

Von Misdroy führt die Wojwod-schaftsstraße 102 stets nahe der Küste in östlicher Richtung zu den Badeorten **Heidebrink** (*Międzywodzie*, gesprochen *mien dzi wod dsche*) und **Dievenow** (*Dziwnów*, gesprochen *dschiw nuw*). Zusammen zählen die beiden benachbarten Ostseenester knapp 4.000 Einwohner. Heidebrink hat sich in den letzten Jahren aus einem verschlafenen Fischerdorf zu einem touristischen Seebad gemausert.

Der Hafen- und Badeort Dievenow liegt auf einer bis zu 400 Meter breiten Nehrung und ist bereits seit 1828 Ostseebad. Die ursprüngliche Mündung lag etwa 1,5 Kilometer weiter westlich. Durch den neuen Durchstich entstand der heutige Tote See, *Martwa Dziwna*. Den Namen Sol- und Moorbad führt Dievenow seit 1895. Das Stadtrecht bekam es erst 2004. Der kilometerlange, wunderbare weiße Sandstrand zwischen den Ortschaften gehört zu den touristischen Attraktionen, weshalb im Sommer gerne der Titel *Polnische Cote d´Azur* kursiert. Wohl eher augenzwinkernd. Schließlich gibt es hier an den polnischen Ostseegestaden keine Jet-Set-Schickeria. Im Ort verbindet eine **Zugbrücke**, die *Dziwna- Brücke*, die Insel Wollin mit dem Festland. Sie ist verkehrsmäßig ein Nadelöhr, neben der Wolliner Brücke im Süden der Insel ist sie der einzige Straßenzugang zur Insel Wollin.

Eine trubelige Ferienstimmung herrscht sommers an der **Promenade Wybrzeże Kościuszki**. Hier produzierte ein großes Fischkombinat zu realsozialistischen Zeiten den damals in ganz Polen berühmten *Stettiner Paprikagulasch*, eine Art Fisch-Reis-Mischung. Heute promenieren die Urlauber am Kai entlang, vorbei an Fischbuden mit Brat- und Räucherfisch, Ausflugsdampfern, Segelyachten und bunten Fischkuttern.

Dievenow ist ein Mekka des Wassersports: Aufgrund der Nordwestlage des Badeortes ist der Wellengang hier meist höher als anderswo an der Küste. Das lockt natürlich viele Surfer an. Aber auch andere Wasserliebhaber wie Segler und Taucher, denn der Erholungsort ist von Wasser umgeben – von der Ostsee, vom *Camminer Bodden* und vom Mündungsfluss *Dziwna* (*Dievenow*). Wieder andere Feriengäste steigen in die **Ausflugsdampfer** und **Piratenschiffe**, um gemütlich auf die Ostsee und den Bodden nach Cammin (*Kamień Pomorski*) zu fahren oder zu Haffrundfahrten zu starten. Oder man döst und faulenzt am herrlichen Dünenstrand. Der ist im Hochsommer oft rappelvoll. Ein **Yachthafen** liegt an der Mündung der *Dziwna* in die Ostsee. Der Mündungsfluss ist an beiden Uferseiten mit Beton eingefasst, man kann bis zur Mole wandern, vorbei an zahlreichen Anglern. Miniaturen aller polnischen Leuchttürme sind im **Miniaturenpark am Meer** zu bewundern. Auch Repliken von Bahnhöfen und Lokomotiven finden sich dort.
www.park-miniatur.pl

Segler genießen die Abendstimmung in Dievenow

PRAKTISCHE TIPPS

Verbindungen

Auto: Von Misdroy über die Wojwodschaftsstraße 102, von Cammin über die Wojwodschaftstraße 107.
Bus: Mit dem Emilbus stündlich von Misdroy und Cammin.
Es gibt keine Zugverbindungen!

Touristeninformation Dievenow
Ul. Szosowa 5 | Tel (91) 381 31 91 |
www.dziwnow.pl

Essen & Trinken

Złota Rybka
Fischgerichte.
Ul. Mickiewicza | Dievenow

Bar Zachęta
Polnische Gerichte, günstig und gut.
Ul. Mickiewicza 37 | Dievenow

Unterkunft in Heidebrink
Hotel Millennium
Im Küstenwald, eigener Strandzugang, Hallenbad, Sauna, Kurabteilung, Restaurant, Café, Biergarten. Sehr gepflegt.
Ul. Zielona 1 | Tel (91) 381 38 77 |
www.owmillennium.pl | €€

Pensjonat Lazur
Auch Appartements, Strandnähe.
Ul. Westerplatte 18 | Tel (91) 453 55 69 |
www.pensjonat-lazur.pl | €-€€

Camping Korab
Saubere Anlage, Bistro, Kinderspielplatz, am Fluss Dziwna und nahe der Zugbrücke, 300 m bis zum Meer.
Ul. Słowackiego 8 | Dievenow |

Tel (91) 381 35 69 |
www.campingkorab.com

Camping Biały Dom
In Dziwnówek (Wald Dievenow) direkt an der Ostsee, mehrfach ausgezeichnet. Anfang März-Ende Okt.
Tel (91) 381 14 46 |
www.campingbialydom.com

Reiten

Pferdegestüt (Stadnina Koni) in agrotouristischer Pension „Pod Kogutem"
Auch Reitunterricht und Ausritte.
In der Ortschaft Wrzosowo 2 km südlich von Dievenow (Dziwnów) | Tel (91) 381 29 31 |
www.podkogutem.fr.pl

Mit dem Fahrrad unterwegs

Bestens für Radeltouren geeignet ist der nordöstliche Teil der Insel und des Nationalparks. Die Gegend ist sehr flach, die Straßen sind wenig von Autos frequentiert. Hier – **zwischen den Orten Wisełka und Warnowo** – reiht sich ein See an den anderen. Besonders malerisch liegt der **Jez. Czajcze** inmitten eines dichten Mischwalds. Auf der Halbinsel, im 19. Jahrhundert noch völlig von Wasser umspült, sind Reste einer mittelalterlichen slawischen Siedlung aus dem 11./12. Jahrhundert erhalten. Mit vielen Legenden verbunden ist der **Fischotterfelsen**, *Wydrzy Głaz*, ein dicker Stein, der am Ufer aus dem Wasser lugt. Auch die kleineren umliegenden Seen haben ihre Reize. Ministrände, nicht selten verborgen zwischen Schilf und Bäumen, säumen die Ufer. Manchmal führen nur Badestege in die

Das neugotische Rathaus von Wollin

höchst sauberen Gewässer. Oft treffen Sie auf Naturdenkmäler, auf knorrige Eichen, mächtige Buchen und Ulmen, alle schon etliche Jahrhunderte alt. Von der Landwirtschaft geprägt ist die Gegend **zwischen den Bauerndörfern Kolczewo, Kodrąb und Ładzin**. Sie liegen schon außerhalb des Nationalparks und sind durch **alte beeindruckende Alleen** verbunden. Restaurants wird man unterwegs kaum antreffen, nur kleinere Lebensmittelgeschäfte und Trinkkioske. Ein Picknickkorb auf dem Gepäckträger ist daher sehr ratsam.

Wollin Stadt – das legendäre Vineta?

Knapp 70 Kilometer nördlich von Stettin liegt das kleine Städtchen Wollin (*Wolin*) auf dem südlichen Zipfel der gleichnamigen Insel. Man sieht es auf den ersten Blick: Dieser Ort hat im Zweiten Weltkrieg arg gelitten, die meisten Häuser wurden zerstört. Öde Plattenbauten dominieren daher. Doch hier und da sind noch alte Gebäude erhalten und selbst an Ruinösem kann man erahnen, wie schön und reich diese Ortschaft einst gewesen sein mag. Wollin zehrt denn auch von seiner glanzvollen Vergangenheit. Die meisten Touristen zieht´s jedoch rasch ans Meer, nur wenige legen hier eine kurze Rast ein. Schade. Schon das kleine **Regionalmuseum** neben dem Rathaus besitzt viel Überraschendes.

Die Blütezeit

Bereits am Anfang des 7. Jahrhunderts entstand am Fluss **Dievenow**

(*Dziwna*) eine slawische Handwerker- und Handelssiedlung. Sie entwickelte sich schnell zu einem bedeutenden und stadtähnlichen Handelsplatz, der zum Schutz mit einer gewaltigen Palisadenschanze umgeben war. Im Jahre 967 gelang es Fürst *Mieszko I.* aber trotzdem das Gebiet des Wolliner Stammes militärisch einzunehmen und in den gerade erst entstandenen polnischen Staat einzugliedern. Wollin wurde darauf zum ersten polnischen Seehafen. Die regen Handelsverbindungen mit vielen anderen seefahrenden Ländern Europas machten die Stadt am Haff und an der *Dziwna* im 11. Jahrhundert zu einem bedeutenden Warenumschlagsplatz. Ihr Reichtum muss bald unermesslich gewesen sein. Im Wolliner Hafen herrschte stets ein lebhaftes Treiben, bis zu 300 Schiffe

sollen darin Platz gefunden haben.

Adam von Bremen, deutscher Geschichtsschreiber des 11. Jahrhunderts, bezeichnete Wollin als die größte Stadt im damaligen Europa! Im Jahre 1074 notierte er: „*Jumne (=Wollin) wird von Slawen, aber auch von anderen Völkern, so von Griechen und Barbaren bewohnt. Auch Sachsen erhalten dort das Recht zur Niederlassung. Es gibt dort einen Leuchtturm, den die Einwohner griechisches Feuer nennen.*"

Spuren von Vineta

Kein Wunder, dass Wollin in späteren Jahrhunderten mit der sagenhaften Handelsstadt *Vineta* in Verbindung gebracht wurde. Die ersten wissenschaftlichen Forschungen hierzu führten in der zweiten Hälfte des 19.

Die Hütten im Wikinger- und Slawendorf von Wollin kann man auch betreten

Jahrhunderts die namhaften deutschen Wissenschaftler *Virchow* und *Stubenrauch* durch. Sie fanden zumindest zahlreiche Utensilien slawischer Siedlungen. Polnische Archäologen begannen in den 50er Jahren mit Ausgrabungen und untersuchten bei Wollin systematisch die Spuren der Vergangenheit. Sie entdeckten 1974 eine kleine **Statue**, die die altslawische Hauptgottheit *Swantewit* mit den vier Gesichtern darstellt. Das Alter der nur 92 Millimeter großen Statue wird auf 1100 Jahre geschätzt. Wann die Stadt untergegangen ist, weiß man nicht.

Sehenswertes

Gleich neben dem Museum steht das rote Rathaus, 1881 im neugotischen Stil erbaut und mit Zinnen geschmückt. Auf der anderen Seite erstreckt sich der **Marktplatz** (*Rynek*), auf dem Bauern frische Lebensmittel und Kleinhändler günstige Klamotten, Werkzeuge und viel Krimskrams feilbieten. Flankiert wird der Platz von allerlei Geschäften, aber an der Westseite auch von hübschen Bürgerhäusern aus dem 19. Jahrhundert. Mittlerweile hat man mehrere weitere Bürgerhäuser mit historisierender Fassade zum Fluss hin errichtet. Dahinter streckt die gotische **Pfarrkirche St. Nikolaus**, *Kościół św. Mikołaja*, ihren mächtigen Turm in die Höhe. Sie wurde nach ihrer Kriegszerstörung erst in den 1990er Jahren wieder aufgebaut. Wenige Schritte entfernt kann man noch die Umrisse des Fundaments der *St. Ada-lbert-Georg-Kirche* erkennen, in der sich von 1140 bis 1176 das pommersche Bistum befand. Daneben war der Standort des Heidentempels aus dem 10. Jahrhundert, wo man die Statuette *Swantewits* entdeckte. Eine vergrößerte Holzskulptur ist ihr hier nachgebildet. Der Pommernreformator *Johannes Bugenhagen* wurde 1485 einige Meter entfernt geboren.

Rund zwei Kilometer südlich des Zentrums zieht sich ein weiter Hügel zum Haff und zur Dievenow hinunter. Hier wurden im 9./10. Jahrhundert slawische Stammesälteste in Hügelgräbern bestattet. Etwas über 30 dieser Gräber liegen am Westhang des so genannten **Galgenbergs** (*Wzgórze Wisielców*). Daneben befindet sich der örtliche **Campingplatz** mit **Badestelle**.

Die Dievenow ist der rechte Mündungsarm der Oder. Ein idyllisches Gewässer, wenn die Sonne scheint. Äußerst tückisch, wenn es stürmt.

Von der gegenüber liegenden kleinen Insel in der Dieveow hat man den schönsten Blick auf das Städtchen. Hier hat man vor mehreren Jahren Palisaden, mittelalterliche Hütten und Wehrtürme zu einem **Wikinger-Freilichtmuseum** errichtet. Seither feiert die Gemeinde jährlich im Juli/August drei Tage das weit über die Grenzen der Insel bekannte **Wikinger- und Slawenfestival**. Dann laufen hier Schiffe mit Drachenköpfen ein, es finden Wettkämpfe statt, Gefäße werden getöpfert, Eisen geschmiedet, Schmuck geformt und die (Wolliner) Männer ziehen sich freiwillig Hörner auf.

PRAKTISCHE TIPPS

Verbindungen

Zug: Liegt auf dem Schienenweg von Stettin nach Swinemünde/Misdroy. Die Züge fahren ca. alle 2 Stunden.

Auto: An der Schnellstraße E65 von Stettin nach Swinemünde. Zum Glück schiebt sich seit dem Bau einer neuen Autobrücke die Blechkarawane im Sommer nicht mehr durch den kleinen Ort, sondern umgeht ihn.

Museen

Regionalmuseum Andrzej Kaube (Muzeum Regionalne)

Die ausgestellten Exponate stammen fast ausschließlich aus der mittelalterlichen Hochzeit des Ortes. Zu sehen sind unter anderem Werkzeuge, Bernsteinschmuck, hölzerne Figuren heidnischer Gottheiten, Palisaden des einstigen Wehrringes, Karten, ein vollständig erhaltenes Skelett aus dem 11. Jahrhundert sowie die berühmte Swantewit-Statuette.

Ul. Zamkowa 24 |
Juni-Aug. Di-So 9-17 Uhr, sonst bis 16 Uhr

⚎ Freilichtmuseum Wikinger- und Slawenzentrum/Skansen

www.jomsborg-vineta.com |
Apr.-Juni 10-16 Uhr, Juli und Aug. 10-18 Uhr, Sept. und Okt. 10-16 Uhr

Unterkunft & Essen

Pizzeria Z Innej Bajki

Große Auswahl an Pizzen, polnische Küche. Ganzjährig.

Ul. Wojska Polskiego 3 |
Tel (48) 609 02 05 70

Café Porto

Pub mit kleinen, polnischen Gerichten. Schöne Lage neben der Nikolaikirche mit Blick auf die Dievenow und die Wikingersiedlung.

Tgl. ab 10 Uhr |
in den Wintermonaten geschlossen

Karczma Polska Pod Kogutem

Reetgedecktes Landhaus mit sehr guter altpolnischer Küche. An der E65 in Richtung Stettin, gut 10 km südlich von Wollin (Stadt).

Brzozowo 11a | Tel (91) 407 40 32 |
www.karczmabrzozowo.pl |
Sommer tgl. 9-22, Winter tgl. 10-21 Uhr

Camping Wollin

Zelt- und Caravanplatz am Zufluss des Stettiner Haffs in die Dievenow. Kleiner, netter Sanstrand mit langem Steg. Bootsverleih, rund 2 km südlich vom Ortszentrum.

Ul. Słowiańska 27

⚎ Sułomino

Wunderschöne Ferienanlage direkt am Haff, umgeben von einer lieblichen Hügellandschaft. Appartements, Zeltplatz, Strand, Marina, Bootsverleih, gemütliche Fischerhütte, 5 km nördlich von Wollin in Richtung Swinemünde.

Sułomino 10 | Tel (91) 326 19 01 |
www.sulomino.info

Feste

Ende Juli oder Anfang August: Dreitägiges, großes Wikinger- und Slawenfestival mit zahlreichen Veranstaltungen.

Jetzt wird's wild: Wikingerfestival in Wollin

Juli: Einwöchiges Western-Picknick in *Sułomino* direkt am Haff. Beliebtes, traditionelle Country Camping mit vielen Events, Kutschfahrten, Karussells für Kinder, Tanzveranstaltungen, Quadverleih.
www.western-piknik.pl

Cammin

Am Anfang war ein Stein

Chrząszczewska heißt heute die Insel, an dessen Nordufer im seichten Bodden-Wasser der Grund liegt, warum die Ortschaft „Cammin" oder „Kamień" genannt wird. Die kleine Insel ist zwar sehr schwer auszusprechen, aber ganz einfach zu finden. Rund zwei Kilometer südlich des Stadtzentrums, am Dorf **Chrząszczewo**, geht's rechts ab nach **Buniewice**. Ein Feldweg führt von dort zum Ufer und – da liegt er schon, der Stein, der Riesenstein, der **Königsstein**, *Głaz Królewski*. Der eiszeitliche Findling ragt drei Meter aus dem Wasser und hat einen Umfang von 20 Metern. Ursprünglich war er noch größer, aber im 19. Jahrhundert wurde ihm ein Teil für Bauzwecke abgesprengt. In vorchristlicher Zeit diente der kolossale Stein den slawischen Einwohnern als Heiligtum. Später, nachdem Bischof **Otto von Bamberg** 1124 den „Steinort" und ganz Pommern missioniert hatte, versank der Monolith im Reich der Legenden. So wollte ihn eines Tages der Teufel auf die verhasste Camminer Kathedrale schleudern, doch ein eifriger Engel konnte die Untat gerade noch rechtzeitig vereiteln, so dass das steinerne Wurfgeschoss in den Bodden klatschte.

Auf diese Weise blieb zum Glück das Camminer Gotteshaus verschont, sogar die Bomben des Zweiten Weltkriegs trafen es nicht. Dafür ließen sie sichtlich nicht viel vom alten Cammin übrig. **Kamień Pomorski** wurde nach dem Krieg schnell und mit viel

Platte in die Höhe gezogen. Das sieht gewiss nicht schön aus. Rekonstruiert hat man 1969 das **spätgotische Rathaus am Marktplatz**, dem *Stary Rynek*. Es entstand in mehreren Bauphasen im 15. und 16. Jahrhundert und ist mit Stufengiebeln, Spitzbogenblenden und einem Dachreiter bekrönt. Im Laubengang wurden öffentliche Verhandlungen des Stadtgerichts abgehalten. Gegenüber ist eine ganze **historische Häuserzeile** restauriert worden. So muss man sich wohl das alte Vorkriegs-Cammin vorstellen. Erhalten blieben auch noch größere Teile der mittelalterlichen **Stadtmauer** mit dem **Wolliner Tor** aus dem 14. Jahrhundert, *Brama Wolińska*, in dessen Turm das Regionalmuseum untergebracht ist, das **Museum der Steine**, *Muzeum Kamieni*. Am Rathaus führt neben der Frei-

Historische Häuserzeile am Bodden von Cammin

lichtbühne eine breite Treppe zum Bodden hinunter, wo im Sommer **Fischbuden** ganz leckere Bratfische servieren, zur modernen Marina und zur Seebrücke, wo während der Saison Dampfer zu **Boddenfahrten** und nach Dievenow ablegen.

Zweifellos ist die **Kathedrale**, die *Katedra świętego Jana*, das architektonische Highlight der Stadt. Mit ihrem Bau wird 1175 begonnen. Zeitgleich hat man das pommersche Bistum von Wollin hierher verlegt. Hier am Bodden war man besser gegen die andauernden dänischen Angriffe geschützt. Die Bauarbeiten an der Kathedrale dauern mehr als 200 Jahre, nicht zuletzt weil brandenburgische Truppen im 13. Jahrhundert zweimal den Ort zerstören. Die vorwiegend niederdeutschen Neusiedler beteiligen sich am Wiederaufbau, im Jahre 1274 verleiht der pommersche Herzog *Barnim I.* Cammin das Stadtrecht. Doch das dreischiffige gotische Gotteshaus kann erst 1385 vollendet werden. An der Nordwand und im Chor besitzt es noch romanische Elemente aus der ersten Bauphase, als man mit Granitquadern baute. Sein gotischer Turm überlebt den Dreißigjährigen Krieg nicht, der heutige neogotische Turm mit kupfernem Satteldach steht erst seit dem 19. Jahrhundert und wurde 1934 grundlegend erneuert. Die „Kathedrale Pommerns" gehört fraglos zu den wertvollsten Architekturdenkmälern Polens.

An das schmale Nordschiff schließt sich der **Domgarten mit dem Kreuzgang** an. Dieser in ganz Polen einzigartige Ort klösterlicher Stille entstand bereits im frühen 14. Jahrhundert, 1881 erhielt er sein heutiges Aussehen. Hier stehen unter anderem ein 500jähriger Lebensbaum, eine 350jährige Eiche und eine 100jährige Stechpalme. Das Taufbecken in der Mitte hat sichtlich auch schon etliche Jahrhunderte überdauert. Die barocke Kanzel im Innenraum der Kirche stammt aus dem Jahre 1683 und der spätgotische **Hochaltar** (um 1500) wurde aus der Nikolauskirche im hinterpommerschen Hoff, heute *Trzęsacz*, rechtzeitig vor 1900 ausgelagert. Danach stürzte das Kirchlein, einst mittem im Dorf stehend, in die Ostsee, nachdem die raue See über Jahrhunderte Meter um Meter von den Gestaden der Küste abgebissen hatte. Die **Malereien im Chorraum** entstanden noch vor 1300. In der ehemaligen Schatzkammer im Obergeschoss des Ostflügels wurde ein **Museum** eingerichtet. Hier sind unter anderem wertvolle Drucke und alte Manuskripte, Zinngeschirr, Medaillen, Inkunabeln aus der Dombibliothek und leider nur noch fotografische Dokumentationen des **legendären Camminer Domschatzes** zu sehen, der in den letzten Kriegsmonaten verloren ging, als man ihn mit auf die Flucht nach Westen nahm. Zu ihm gehörten mehr als 1000 prachtvolle Exponate, darunter auch die älteste kunstgewerbliche Arbeit Pommerns, der *Cordulaschrein* aus der Wikingerzeit.

Das Schmuckstück der Kirche ist aber zweifellos die vergoldete **Barockorgel** aus dem Jahre 1699. Orgelstifter war Herzog *Ernst Bogusla-vus de Croy*, einer der Baumeister war der aus Stettin stammende **Michael Berigiel**. Das Kunstwerk ist 13 Meter hoch, 9 Meter breit und besitzt 47 Register und 2707 Pfeifen. Gekrönt wird der filigran gearbeitete Orgelprospekt von der Figur des Erzengels Michael, ein Flammenschwert tragend. Johannes der Täufer, dem die Kirche geweiht ist, steht in der Mitte, der Mäzen der Orgel hat sich unter dem Prospekt mit einem Porträt verewigen lassen. Jährlich im Sommer lauschen seit 1965 während des längst über die Grenzen Polens hinaus berühmten **Internationalen Festivals der Orgel- und Kammermusik** Tausende den Klängen dieses wunderbaren Instruments.

Schräg gegenüber der Kathedrale steht der so genannte **Bischofspalast**, *Pałac Biskupi*. Er entstand in der Mitte des 16. Jahrhunderts durch den Umbau von zwei gotischen Wohnhäusern. Hier residierten einst die Kirchenfürsten des Bistums, heute beherbergt das Gebäude mit seiner schmucken Renaissance-Giebelfassade eine Bibliothek.

Ein glücklicher Zufall wollte es im Jahre 1882, dass man in 580 Meter Tiefe auf eine **Solequelle** stieß. Das machte Cammin zum Kurort. Der erhoffte Boom als aufstrebender Kur- und Badeort blieb aber aus. Bis heute. Vom Kurbetrieb können nur wenige der 10.000 Einwohner leben. Doch tief Luft geholt, denn nirgendwo sonst an der polnischen Ostseeküste ist sie jodhaltiger als hier!

Verbindungen
Auto: Von Stettin über die Nationalstraße 3/Wojwodschaftsstraße 107.
Zug: Mehrmals täglich von Stettin aus, Fahrtzeit ca. 90 Minuten.
Bus: Regelmäßige Verbindung mit dem Emilbus.

Übernachten
Pod Muzami
Hotel in restauriertem Fachwerkgebäude am Alten Markt, gutes Restaurant mit altpolnischer Küche.
Ul. Gryfitów 1 | Tel (91) 382 22 40 | www.podmuzami.pl | €-€€

Hotel Staromiejski Nad Zalewem
Zimmer mit Blick auf den Camminer Bodden.
Ul. Rybacka 3 | Tel (91) 382 26 44 | www.hotel-staromiejski.pl | €-€€

Museum
Muzeum Kamieni
Museum der Steine im Wolliner Torturm mit einer Ausstellung von Mineralien und Saurierfossilien.
Ul. Słowackiego 1 |
Di- Sa 10-18 Uhr, So bis 16 Uhr

Landesmuseum im Bischofspalast (Muzeum w Kamieniu Pomorski)
Gegenüber der Domkirche.
In der Saison Mo-Sa 10-17, sonst 10-16 Uhr
www.mhzk.eu

Domschatzkammer
Mo-Sa 9-16, So 13-18 Uhr

Wuchtig und schön: „Kathedrale Pommerns" in Cammin

Entdeckertouren

Tour 1: Radtour vom polnischen Seebad Swinemünde zum deutschen Kaiserbad Bansin

▶ TOURDATEN

Karte: ▶ Seiten 174-175

Charakteristik: Leichte Radtour auf tischplattem Fahrweg

Strecke: Swinemünde, östliches Promenadenende – Ahlbeck – Heringsdorf – Bansin

Entfernung: ca. 24 km (hin und zurück), Verlängerungsmöglichkeit nach Ückeritz (plus 5 km einfach)

Dauer: etwa 3 Stunden

Einkehrtipp: Zahlreiche Möglichkeiten unterwegs

Der 2011 eröffnete grenzüberschreitende Geh- und Radweg zwischen Swinemünde und Bansin ist Europas längste Strandpromenade. Auf der einen Seite des durchweg kerzengerade verlaufenden Fahrwegs liegen prächtige Pensionen und Villen in pompöser Bäderarchitektur, auf der anderen Seite schweift der Blick auf die nahe See. Über Dünenwege erreicht man schnell die Strände.

Am **Neuen Kurviertel** Swinemündes, an der *ul. Uzdrowiskowa*, beginnt der 12 km lange Promenadenweg. Hier entstanden in den letzten 10 Jahren zahlreiche Hotels, Geschäfte und elegante Appartements. Man fährt zunächst die sehr breite und im Sommer stets geschäftige Swinemünder Strandpromenade entlang. Nach rund 3 Kilometern erreicht man einen großflächigen Mischwald, der sich bis nach Ahlbeck hinzieht. Dazwischen liegt die **deutsch-polnische Grenze**, ein sandiger und baumloser Streifen, auf dem man eine 400 qm große **Begegnungsplattform** errichtet hat. Kontrollen gibt es zwar keine mehr, die Mitnahme von Personalausweis oder Pass ist dennoch Pflicht.

Kurz danach erreicht man bereits das östlichste Seeheilbad Deutschlands: **Ahlbeck**. Die Dünenstraße führt zur berühmten 280 Meter langen **Seebrücke** von 1898. Sie ist zusammen mit der **Historischen Jugendstiluhr** von 1911, die am Zugang zur Brücke steht, Wahrzeichen der Stadt. Die älteste noch erhaltene Seebrücke in Deutschland beherbergt in ihrem Holzpavillon mit den vier charakteristischen Türmchen ein **Restaurant**, Schauplatz von Loriots Kinofilm „Papa ante Portas" von 1991.

Wie an einer Perlenschnur aufgereiht liegen die drei deutschen Kaiserbäder eng nebeneinander. **Heringsdorf**, einst ein unbedeutendes Fischernest, in dem der frische gefan-

„Papa ante Portas": Die berühmte Seebrücke von Ahlbeck

gene Hering weiterverarbeitet wurde, bekam bereits 1824 die ersten Badeanlagen. Kurz darauf zählte der kleine Ort zu den mondänsten deutschen Seebädern mit höchst eleganten, repräsentativen Villen. Die gehören noch heute zu den Attraktionen von Heringsdorf. Die überaus schmucke Ortschaft mit ihren 4.000 Einwohnern besitzt seit 1995 mit 508 Metern die zweitlängste **Seebrücke** Europas. Auf ihr befindet sich eine Ladengalerie, das **Muschelmuseum** und, ganz am Ende der Brücke, die „Pyramide" mit einem **Panoramarestaurant**.

Ein paar Mal in die Pedale getreten und schon erscheint das Ortsschild von **Bansin**, das kleinste der drei Kaiserbäder auf Usedom. Das Ortsbild ist ebenfalls von Bäderarchitektur geprägt, allerdings weitaus „volkstümlicher" als Heringsdorf und

es erreicht keineswegs dessen Mondänität. Das macht Bansin aber eher sympathisch. Sehr schön ist der breite, fast weiße **Sandstrand** und landschaftlich reizvoll sind die **Binnenseen** in der Umgebung.

Am Ende der Strandpromenade führt ein Fahrweg recht steil hoch in das herrliche **Waldgebiet des Langen Bergs** und zum kleinen **Seebad Ückeritz** (rund 5 km). Es gibt etliche mittlere Steigungen. Die geteerte Straße zum Ortskern schließlich verläuft etwa 2 km an hohen Stranddünen entlang. Fast der gesamte Strandbereich ist den Anhängern der **Freikörperkultur (FKK)** vorbehalten. Hier befindet sich einer der größten **Campingplätze** Europas. Ückeritz liegt sowohl an der Ostsee als auch am Achterwasser. **Fischbuden** stehen hier Spalier, ein Dorado für hungrige und durstige Radler.

Tour 2: Radrundtour über Kamminke zum Wolgastsee

► TOURDATEN

Karte: ► Seiten 174-175

Charakteristik: Leichte Radtour bis Kamminke, danach mehrere mittlere Steigungen

Strecke: Endstation Usedomer Bäderbahn (UBB) in Swinemünde – Kamminke – Garz – Korswandt am Wolgastsee – Endstation UBB

Entfernung: 21 km

Dauer: ca. 2,5 Stunden

Einkehrtipps: Fischräucherei „Klönsnack" in Kamminke, Bistro am Wolgastsee

Die grenzüberschreitende Rundtour führt von Swinemünde zum Stettiner Haff. Hier liegt das reizende alte Fischerdorf Kamminke. In der Nähe: Die deutsche Kriegsgräberstätte Golm (► Seite 112). Man durchquert ein schönes Waldgebiet und erreicht bei Korswandt den Wolgastsee mit Bademöglichkeit.

Von der UBB-Endstation führt ein neuerer Radweg die breite *ul. 11 Listopada* mit typischen Nachkriegsplattenbauten entlang. An der *ul. Grunwaldzka* halten wir uns rechts und fahren auf dem Radweg weiter bis zur *ul. Krzywa*. Dort links abbiegen. Hier ist bereits *Kamminke* (2,2 km) ausgeschildert. Man fährt knapp 2 Kilometer durch einen Laubwald und an Schrebergärten vorbei bis zur Buswendeschleife. Dort rechts einbiegen, 200 Meter weiter erreicht man die kleine idyllisch anmutende **Grenzbrücke über den Torfkanal**. Zur Weiterfahrt gibt es zwei Möglichkeiten: Entweder geradeaus auf dem Asphaltweg zur Ortschaft Kamminke oder den Torfkanal auf polnischer Seite entlangfahren. Dieser schmale Dammweg gefällt uns besser. Er endet nach rund 300 Metern am Haffufer und führt dann rechts zum kleinen **Hafen von Kamminke**.

Kamminke liegt am östlichen Rand eines eiszeitlichen Endmoränenzugs, ihr Gegenstück bilden die Höhenzüge auf der Insel Wollin. Die Swineniederung, durch Gletscher ausgeschürft, liegt genau dazwischen. Das alte Fischerdorf am Haff zählt rund 280 Einwohner, es ist viel älter als die fast noch in Sichtweite liegende Stadt Swinemünde. Erste Siedlungsspuren auf dem 69 Meter hohen Golm stammen bereits aus dem 6. vorchristlichen Jahrhundert. Der Fischfang bestimmt seit dem späten 17. Jahrhundert das Leben der meisten Kamminker. Um 1900 verhökerten die Fischerfrauen ihre frische Ware auf dem Markt in Swinemünde oder versorgten die Pensionen und Sanatorien mit dem Fisch aus dem Haff. Nach dem Krieg führte die Grenzziehung zur totalen Trennung Kamminkes von „seiner" Stadt an der Swinemündung. Erst mit dem Beitritt Polens zum Schengener Abkommen radelt man wieder in kürzester Zeit direkt vom Meer ans Haff. Fischerhäuschen, oft noch reetgedeckt, prägen bis heute das Ortsbild des Dorfes. Besonders schön sitzt man auf der Mole des Hafens, im Biergarten der **Fischräucherei „Klönsnack"**.

Und das nicht nur zu den grandiosen Sonnenuntergängen am Haff. Ein **Sandstrand** befindet sich gleich daneben. Im Sommer legen mehrmals wöchentlich am kleinen Kamminker Hafen **Ausflugsdampfer** nach Ue-

ckermünde und Stettin ab.

Durch die Lage Kamminkes am **Steilufer** zum Kleinen Haff hin ergeben sich einige einzigartige Ausblicke aufs Haff und bis nach Swinemünde. Oberhalb der steilen, von reetgedeckten Häusern flankierten **Bergstraße**, wenige Schritte vom Hafen entfernt, ist ein besonders reizvoller **Aussichtspunkt**. Von dort oben ist die Ortschaft **Garz** über einen perfekt ausgebauten Rad- und Wanderweg zu erreichen (ca. 2,5 km). An der Kreuzung mit der B110 führt ein Radweg zunächst nach links und kurz darauf rechter Hand in einen **Waldweg**. Dabei muss man die Bundesstraße überqueren. Trotz einiger Steigungen und steiler Abfahrten

Der idyllische Wolgastsee lädt zum Baden und Tretbootfahren ein

ist der schöne Weg weitgehend ideal zum Radeln. Nach knapp 4 Kilometern verlässt man kurz vor **Korswandt** den Laubwald und passiert eine moderne **18-Loch-Golfanlage** (mit Restaurant). An der Hauptstraße biegt man rechts ein, zum fischreichen, naturbelassenen **Wolgastsee**. Der ruhige rund 47 Hektar große See ist rundum von einem dichten Wald mit vielen eindrucksvollen Buchen sowie einem Schilfrohrgürtel umgeben. Durch sein dunkel schimmerndes Wasser wirkt er fast wie ein Bergsee. Es gibt eine kleine **Badestelle** mit kinderfreundlich flachem Uferbereich, ein wunderbar gelegenes **Bistro** ist direkt am Ufer. Hier kann man auch **Tret- und Ruderboote** ausleihen, Motorboote sind verboten. Petrijünger und Hobbyangler fahren mit dem Boot hinaus auf den bis zu 12 Meter tiefen See,

um Schleie, Barsche, Zander, aber auch Hechte an den Haken zu kriegen. Tageskarten zum Angeln gibt´s gleich hinter dem Imbiss im Hotel-Restaurant „Idyll am Wolgstsee". Und im kalten Winter werden die Schlittschuhe angeschnallt. Dann wird der See zur beliebten Eisfläche.

Zur Rückfahrt nehmen wir den gut ausgeschilderten Wander- und Radweg, der um den Wolgastsee führt. Nach rund 2 Kilometern zweigt man am grünen Wegweiser ab und fährt halblinks in Richtung Swinemünde. Am Grenzpunkt fährt man geradeaus und passiert das Gebäude des alten Swinemünder Wasserwerks von 1910. Nun folgt man dem Plattenweg bis zur *ul. Zamkowa*, dort links einbiegen. Geradeaus, dann rechts bis zur Endstation der UBB.

Blick auf Kamminke und das Stettiner Haff

Tour 3: Tour auf dem Haffradweg nach Usedom (Stadt)

▸ **TOURDATEN**

Karte: ▸ Seiten 174-175

Charakteristik: Radtour mit mittleren Steigungen, meist gut ausgebaute Radwege, löchriger Fahrweg bei Stolpe

Strecke: Swinemünde UBB-Bahnhof – Kamminke – Garz – Kutzow – Dargen – Stolpe – Usedom (Stadt) – und zurück

Entfernung: knapp 60 km hin und zurück

Dauer: ca. 6 Stunden Fahrzeit

Einkehrtipp: Gasthof to'n Eikbom in Dargen

Diese Tagestour führt in die Mellenthiner Heide um Prätenow und in das stille Achterland. Hier liegt die mittelalterliche Stadt Usedom mit mehreren Sehenswürdigkeiten. Wir fahren weitgehend über den Haffradweg. Unterwegs passiert man reizvolle Wald- und Wiesenlandschaften, das Usedomer Wisentgehege bei Prätenow und viel Sehenswertes am Rande der Route. Allerdings kann man zeitlich an einem Tag keinesfalls alle angeführten Sehenswürdigkeiten berücksichtigen. Die Tour könnte man auch in Etappen einteilen.

Bis Garz via Kamminke wie Tour 2 (▸ Seite 168). Die spätgotische Feldsteinkirche in Garz stammt aus dem 13. Jahrhundert. Drinnen sind zwei Votivschiffe von 1770 und 1825 bemerkenswert. Das Kirchlein ist sehr schön, aber leider meistens geschlossen. Relikte der ehemaligen Eisenbahnlinie von Ducherow nach Swinemünde befinden sich hinter Garz, am Haffradweg in Richtung Kutzow. Das weite Gelände des bereits 1935 eröffneten Flughafens Heringsdorf (▸ Seite 131, Erlebniswelt Hangar 10) liegt linker Hand.

In Kutzow zweigt der Radfernweg südlich nach Neverow ab. Über Bossin fährt man weiter nach **Dargen**. Am Dorfeingang befindet sich das interessante **Zweiradmuseum** mit allen Moped- und Motorradtypen, die zu DDR-Zeiten über das Straßenpflaster ratterten.

Bahnhofstraße 7 | 17419 Dargen |
Tel (03 83 76) 202 90 |
www.museumdargen.de

Stärken kann man sich im netten und radlerfreundlichen **Gasthof to'n Eikbom** (mit Pension).

Haffstraße 10c | Tel (03 83 76) 204 21

Unterwegs auf dem Haffradweg

Zwei Kilometer hinter Dargen liegt bei **Prätenow** das **Wisentgehege** der Insel Usedom (▶ Seite 149). Die ersten Tiere, die mit dem Amerikanischen Bison verwandt sind, kamen 2004 aus dem Gehege des Nationalparks Wollin bei Misdroy. In **Stolpe**, vier Kilometer westlich vom Gehege, lohnt sich ein nächster Halt. Hier ist ein schönes Dorfensemble erhalten: Zentral steht das **Schloss** der Familie von Schwerin, ein zweigeschossiges Renaissancegebäude aus dem späten 16. Jahrhundert, das zu Beginn des 20. Jahrhunderts im Stil des Historismus umgebaut wurde, die neugotische **Kirche** von 1871 steht gegenüber, dazwischen pittoresk der Dorfteich und alte Bäume. Seit einigen Jahren finden im restaurierten Schloss kulturelle Veranstaltungen statt. Kurz hinter Stolpe biegen wir nach **Welzin** ab. Eine wunderschöne, alte **Lindenallee** führt dorthin. Hier ist die **Inselkäserei** der Familie Schultze nahe der Dorfstraße einen Besuch wert. Ihr Zulieferer ist der Biobauer von nebenan. Rund drei Kilometer weiter in südöstlicher Richtung – Wasser links, Wasser rechts – erreicht man bei Ostklüne den **Usedomer See. Ostklüne** und **Westklüne** sind eigentlich ein Ort, aber sie sind durch die 300 Meter lange und nur wenige Meter breite **Kehle** zwischen See und Haff getrennt. Eine kleine **Ruderfähre**, betrieben von der Familie Gaede, bringt Wanderer und Radler schnell ans andere Ufer. Der Fährmann kommt auf Zuruf oder per Klingeln. Man kommt sich hier ein bisschen vor, wie am En-

de der Welt, jedenfalls ist der Miniweiler Ostklüne ein idyllischer Ort, wie er selbst auf Usedom selten zu finden ist!

Immer nahe am Westufer des Sees entlang kommen wir nach rund vier Kilometern nach **Usedom (Stadt)**. Die im Jahre 1128 erstmals urkundlich erwähnte Ortschaft gab der Insel ihren Namen. Wahrzeichen Usedoms ist das **Anklamer Tor** von 1450, ein dreigeschossiger Backsteinturm mit spitzbogiger Durchfahrt. Er ist das einzige mittelalterliche Stadttor, das in der Stadt und überhaupt auf der Insel erhalten ist. Das Tor beherbergt heute eine **Heimatstube** (*Apr. bis Aug. tgl. 11-15 Uhr*). Am schönen **Marktplatz** stehen das **Rathaus** und die nach einem Brand 1476 neu errichtete spätgotische **Marienkirche**. Sie ist ein Backsteinbau mit einem ungewöhnlichen Treppengiebel. Ein **weißes Granitkreuz** auf dem Aussichtspunkt am **Schlossberg** erinnert an die Christianisierung der slawischen Bevölkerung im Jahre 1128 durch Bischof *Otto von Bamberg*. Fortan entwickelte sich das deutsche Usedom neben der slawischen Siedlung. Der Ort am Usedomer See bekam 1295 des lübische Stadtrecht und somit Handelsprivilegien. Am **Hafen** finden in den Sommermonaten regelmäßig Open-Air-Veranstaltungen statt.

Zurück Richtung Swinemünde über den Haffradweg. Bei Garz kann man statt über Kamminke zu fahren auf die B110 wechseln und die Strecke um einige Kilometer verkürzen.

O S T S E E

NSG Mümmelken-see

111

Langer Berg

Platter Berg

Ückeritz

Bansin

Radfernweg Berlin-Usedom

Schmollen-see

Pudagla

Konker Berg

NSG Bömke und Werder

111

Gr. Krebssee

Sellin

Schloon-see

NSG Kl. Krebssee

Sallen-thin

Heringsdorf

Benz

Gothen-see

Gothen

Ahlbeck

Ostsee-Radweg

Tour 1 Start

Kückels-berg

Reetzow

NSG Gothensee

Korswandt

Neppermin

Heide-berge

Labömitz

Wolgast-see

Touren 2+3 Start

POLEN

Katschow

Kachliner See

Thurbruch

Ulrichshorst

Radfernweg Berlin-Usedom

NSG Zerninsee-Senke

Swine-münde

Kachlin

Zirchow

Golm
NSG Golm

110

eide

Zweiradmuseum

Görke

110

Garz

ehege

Dargen

Haff-Radfernweg

Kutzow

Flughafen Heringsdorf

Kamminke

Prätenow

Bossin

Stettiner Haff

2 km

N

Tour 4: Radrundtour zur Insel Kaseburg (Karsibór)

Die Tour verläuft auf drei Inseln: Usedom, Wollin und Kaseburg. Die südlich von Swinemünde liegende Insel Kaseburg ist die Hauptattraktion dieses Tagesausflugs. Das naturidyllische Eiland mit dem Vogelschutzgebiet Kaseburger Werder *Karsiborska Kępa* **(▸ Seite 16) ist von der Alten Swine, der Kaiserfahrt und dem Großen Haff eingerahmt. Eine Fahrt mit dem Katamaran durch das Swine-Delta gehört zu den schönsten Naturerlebnissen im Nordwesten Polens.**

Mit der Stadtfähre die Swine überqueren. Im Swinemünder Ortsteil Warszów mit dem Terminal der Ostseefähren nimmt man zunächst die *ul. Fińska* und biegt kurz danach in die *ul. Ludzi Morza* ein. Die geht bald in die wenig von Autos befahrene *ul. Mostowa* über. Von nun an immer geradeaus. Man passiert die kleine Ortschaft **Werder (Ognica)**, die von Weiden und Feldern umgeben ist. Rechter Hand lugt immer wieder die Swine hervor. An der großen Kreuzung, nach insgesamt 7 Kilometern, fahren wir geradeaus in Richtung Brücke zur **Insel Kaseburg**. Die Insel entstand durch die Abtrennung von der Insel Usedom, als 1880 die **Kaiserfahrt**, der 10 Kilometer lange Kanaldurchstich von der Swine zum Stettiner Haff, eingeweiht wurde. Neben die alte Piastenbrücke zur Insel hat man mittlerweile eine moderne zweispurige Brücke über die Alte Swine gebaut. Gleich rechts liegt ein altes Hafenbecken, an dem Angler und Möwen geduldig auf Fang warten. Es handelt sich um den noch ganz gut erhaltenen **U-Boot-Hafen** aus dem Jahre 1944. Hier an der Swine und gleich neben der Kaiserfahrt war die 4. Schulungsflotte der Kriegsmarine stationiert.

Die Asphaltstraße gabelt sich wenige Meter weiter. Links geht´s zur Ortschaft Kaseburg. Wir halten uns rechts und nehmen zunächst die *ul. Kanałowa* und bald danach die *ul. Barkowa*. Der schöne **Waldweg** führt

Marina auf der Insel Kaseburg

nun über rund 6 Kilometer direkt an der Kaiserfahrt, dem heutigen *Kanał Piaskowski*, entlang. Er endet an der **Ostmole** des Kanals. Vom Molenkopf, an dem an manchen Tagen schier unzählige Möwen kreischend sitzen, hat man einen grandiosen Blick auf das Stettiner Haff. Ein wunderbarer, einsamer Flecken Erde!

Wir biegen nun an der Molenwurzel rechts auf einen Feldweg ab. Allerdings ist der grasbewachsene Abzweig leider oft sehr schlecht erkennbar. Sollte die „Suche" nicht gelingen, fahren Sie besser den Waldweg an der Kaiserfahrt wieder zurück und an der Gabelung zur Dorfstraße in die Ortschaft rein. Ansonsten kommt man über einen Kiesweg und einen gelb markierten Radwanderweg

durch eine wunderbar grüne Landschaft zum **Inselort Kaseburg**.

Wir passieren an der Dorfstraße zunächst die „Schatzinsel" (*Wyspa Skarbów*), Ferien auf dem Lande mit Straußen und anderen Tieren. Dann die weiße **Kirche der Heiligen Maria** aus dem 15./16. Jahrhundert, die 1826 nach Plänen Karl Friedrich Schinkels umgebaut wurde. Davor liegt ein kleiner, sehr interessanter **deutscher Friedhof** mit alten Gräbern. „Gustav II. Adolf was here" ist im Pfarrhaus zwar nicht ins alte Gebälk geritzt, aber tatsächlich soll hier der schwedische König mehrere Tage genächtigt haben, nachdem sein Heer während des Dreißigjährigen Krieges auf Usedom gelandet war. Wenige hundert Meter weiter, ebenfalls direkt an der ellenlangen Dorfstraße, liegt am Ufer der Alten Swine die **Marina Karsibór** mit einer wunderbaren **Fischtaverne** (▸ Seite 126, via tipp). Einkehr unbedingt zu empfehlen!

Wir fahren zurück über die Inselbrücke und halten uns gleich links zur **Fähre Karsibór**. Am anderen, westlichen Swineufer führt ein **Radweg** am Forst Swinemünde entlang bis zur *ul. Grunwaldzka*. Hier biegen wir rechts ab, an der *ul. 11 Listopada* halten wir uns links. Nun stets geradeaus bis zur Bahnstrecke, dort rechts zur UBB-Endstation.

Tour 5: Wanderung von Misdroy nach Lebbin (Lubin)

▸ TOURDATEN

Karte: ▸ Seiten 186-187

Charakteristik: Wanderung mit leichten, mittleren und zuweilen auch steileren Steigungen

Strecke: Bahnhof Misdroy – Nationalpark Wollin – Vietzig (Wicko) – Kalkofen (Wapnica) – Türkissee – Lebbin – Aussichtspunkt Góra Zielonka – Rückfahrt mit dem Linienbus (8 km)

Entfernung: 16 km

Dauer: ca. 5 Stunden (ohne Rückfahrt)

Einkehrtipp: Aussichtscafé in Lebbin

Diese Wanderung führt durch den westlichen Teil des Nationalparks Wollin. Man wandert durch schönen Buchen- und Eichenwald zum berühmten Türkissee und bis zum Stettiner Haff bei Lebbin.

Unterwegs: Reizvolle Naturlandschaften, Relikte frühindustriellen Kreideabbaus, herrliche Aussichten auf das Haff und das Swinedelta.

Am Bahnhof von Misdroy verläuft die *ul. Kolejowa* rechts hinab zu einer Bahnunterführung und dann am Städtischen Friedhof vorbei. Hier beginnt der **Panorama-Wanderweg** mit **blauer Markierung**. Der Waldweg führt in den **Nationalpark Wollin** zunächst zu den **Kozierowskie-go-Hügeln** mit einer Aussichtsplattform. Man passiert danach eine kleine Schlucht und eine Lichtung mit ehemaligen Erdölbohrstellen. Dann geht´s recht steil über den Berg **Suchogórz** und zur Landes- und Schnellstraße 3/E65 hinab. **Laatziger Ablage (Zalesie)** heißt das Dorf, das man gleich nach Überqueren der Straße erreicht. Der Weg führt nun über Hügel, auf denen noch Reste ehemaliger **Abschussrampen der**

Schon von weitem sichtbar – die neugotische Kirche von Lebbin

Nazi-Vergeltungswaffe 3 (V3) aus den Jahren 1942 bis 1945 zu sehen sind. Ein kleiner Bunker, in dem Geheimwaffen und Geschosse gelagert waren, beherbergt mittlerweile ein **Mini-Museum.**

www.bunkierv3.pl

Der Wanderweg biegt kurz darauf direkt vor der Ortschaft **Vietzig (Wicko)** in ein herrliches Waldtal. Der Ort liegt am **Kleinen Vietziger See**, *Jez. Wicko Małe*, und gehört zum Nationalpark. Aufgrund seiner vor starken Winden geschützten Buchtlage und wegen des geringen Tiefgangs ist der See – eine schmale Einbuchtung des Stettiner Haffs – ein besonders geeignetes Terrain für noch ungeübte Segler. 1869 hatte hier der preußische König einen Passagier- und Güterhafen als Wasserverbindung mit Stettin anlegen lassen. Bald darauf erreicht man das waldlose **Trzciagowska-Tal**. Halden aus dem ehemaligen Kreideabbau erinnern noch an die wirtschaftliche Hochzeit dieser Gegend. Zentrum dieser lukrativen „Kreidezeit" war die Ortschaft **Kalkofen (Wapnica)**, die der Wanderweg streift. In diesem im 17. Jahrhundert gegründeten Ort wurde bis 1945 Kalk abgebaut. Der wunderschöne **Türkissee**, *Jez. Turkusowe*, der seinem Namen allerdings nicht immer alle Ehre macht, liegt in der Ortsmitte. Er entstand nach der Flu-

Der Türkissee leuchtet bei gutem Wetter in einer grünblauen Farbe

tung einer ehemaligen Kalkgrube ab 1954. Seinen Namen verdankt er seiner ungewöhnlich türkisgrünen Farbe, in der das Wasser an sonnigen Tagen leuchtet. Der Farbton entsteht, weil die Sonnenstrahlen vom mit weißem Kalk bedeckten Grund reflektiert werden. Der bis zu 21 m tiefe See steht unter Landschaftsschutz, ein Weg verläuft um das zum Teil steil abfallende Ufer. Ein Reitplatz für Kinder und Imbissbuden befinden sich neben einigen Infotafeln am See. Eine weitere Sehenswürdigkeit des Ortes ist der 600jährige Baum *Prastary Dąb*. Die mächtige **Eiche** direkt an der Dorfstraße ist der älteste Baum im Nationalpark.

Vom Türkissee aus führt unser Wanderweg hoch zum Grünen Hügel, *Wzgórze Zielonka*. Von dort oben, 81 Meter über dem Meeresspiegel, genießt man einen atemberaubenden Weitblick auf das größte Binnengewässer Polens, das Stettiner Haff, sowie auf das weite, mit riesigen Schilfarealen ausgedehnte Rückflussdelta der Swine mit seinen 44 Inseln. Dem Berg zu Füßen liegt die Ortschaft **Lebbin (Lubin)** mit kaum 350 Einwohnern. Auf der höchsten Stelle des Dorfes thront die neugotische, rote **Ziegelsteinkirche** aus dem Jahre 1861. Ihr spitzer Turm ist bis zur Insel Kaseburg zu sehen. Der Charakter des alten Fischer-

dorfes änderte sich um das Jahr 1600 schlagartig, nachdem man die großen Kalkschollen entdeckt hatte. Sie waren pures Geld. Mitte des 19. Jahrhunderts beutet der Kommerzienrat *Johannes Quistorp* die Kreidegrube aus und verarbeitet die gewonnenen Mineralien in einer der ersten Zementfabriken Deutschlands. Die Geschichte von Lebbin beginnt aber bereits vor 2.500 Jahren, als am Haff slawische Sorben siedelten. Im 11. Jahrhundert stand hier eine mittelalterliche Schutzburg, die die Stadt Wollin vor Eindringlingen über die Odermündung rechtzeitig warnen sollte. Teile dieser Burg, **Grodzisko** genannt, sind noch erhalten. Im Jahre 1124 kommt *Otto von Bamberg* in christlicher Mission hierher und gründet eine Kirche. Überreste dieser ältesten Kirche Pommerns wurden 2009 entdeckt. An diesem fast magischen Ort öffnet in den Sommermonaten ein **Café-Restaurant** mit wunderbarer **Aussichtsterrasse**.

Linienbusse pendeln mehrmals täglich von Lebbin nach Misdroy (es ist ratsam, sich nach den Fahrzeiten im Misdroyer Touristenbüro zu informieren). Auch die **Express-Bimmelbahn** (*www.cyrus-tours.pl*) ist in den Sommermonaten regelmäßig zwischen Misdroy und Lebbin unterwegs.

Wisente, kraftstrotzende Wildrinder im Wolliner Nationalpark

Tour 6: Wanderung über den Kaffeeberg zu den Wisenten

Karte: ▶ Seiten 186-187

Charakteristik: Einfache Wanderung, ausgenommen Steigung auf den Kaffeeberg

Strecke: Seebrücke in Misdroy – Fischerhafen – Kaffeeberg – Wisentreservat – Nationalparkmuseum

Entfernung: 6 km

Dauer: ca. 1,5-2 Stunden

Einkehrtipp: Antik Café

Die kleine Wanderung verbindet zwei der gößten Highlights der Insel Wollin: Die zerzauste Kliffküste mit dem aussichtsreichen Kaffeeberg und das Wisentgehege im Nationalpark.

Von der Misdroyer Seebrücke an der Strandpromenade hat man einen guten Blick auf die beeindruckende **Steilküste** der Insel Wollin. Bei den Fischern mit ihren zahlreichen Fischverkaufsbuden und schönen Strandterrassen am nördlichen Ende der Promenade führt ein **schwarz markierter Waldpfad** mit Holzgeländern zunächst recht steil hoch auf das Kliff. Oben auf dem Höhenrücken verzaubert ein alter **Buchenwald**. Am **Kaffeeberg**, *Góra Kawcza*, hat man bereits 68 Meter erklommen.

Der Blick geht weit über die Pommersche Bucht. Die grandiose Aussicht hat der Maler Lyonel Feininger 1928 mit seinem Aquarell *Dampfer nach Misdroy* verewigt.

Ein zweiter Weg führt direkt vom Strand aus zum **Kaffeeberg** hoch, seit 2013 eine neue, steile Treppe zum *Góra Kawcza* gebaut wurde. Zum nahen, 94 Meter hohen **Gosanberg**, *Góra Gosań*, kann man auf dem Höhenweg nicht weitergehen, der endet hier. Zum **Aussichtspunkt** mit betörend schönen Ausblicken auf das Baltische Meer und bis zu den Kaiserbädern auf Usedom kommt man nur vom ausgeschilderten Parkplatz an der Küstenstraße 102 aus (etwa 400 Meter). In der Nähe liegt der sagenumwobene **Jordansee**, *Jez. Gardno* (Bushaltestelle Grodno). Der malerisch von einem alten Buchenwald umkränzte und von Seerosen geschmückte kleine See hat die Form eines siebenarmigen Sternes und wird auch „Pupille des Swantewit" genannt. Denn der Legende nach stand ein Tempel des viergesichtigen Slawenfürsten auf der Insel in der Mitte des Sees. Der Sage nach hat hier die berüchtigte Piratin *Stine* ihren Schlupfwinkel gehabt. Und *Theodor Fontane* nannte den Jordansee 1863 gar den „vielleicht schönsten See im nördlichen Deutschland". Das Gelände ist momentan leider nicht zugänglich.

Zu den Wisenten

Am Kaffeeberg verläuft der Wald-pfad mit schwarzer Markierung kurz aufwärts und dann durch den Wald nach unten zur Wojwodschafts-straße 102 und zum knapp 150 Me-ter entfernten **Parkplatz Kwasowo**. Hier liegt ein Eingang zum National-park, ein breiter Waldweg führt in et-wa 20 Minuten zum **Wisentreservat (Rezerwat Zubrów)**. Das 1976 an-gelegte und 18 Hektar große Reser-vat mit dem **Wisentgehege** gehört zu den größten Attraktionen der In-sel Wollin. Fast regungslos dösen da die zotteligen und kraftstrotzenden Wildrinder in ihrem stark gesicher-ten Holzgehege. Die Besucher bli-cken von Plattformen auf die urigen Viecher herab und diese gelangweilt auf jene hoch.

Diese Begegnungen sind heute ein wahrer Glücksfall. Denn das letz-te frei lebende Exemplar des größ-ten europäischen Säugetiers erlegte im Jahre 1921 ein entlassener Förster des russischen Zaren im Urwald von Bialowieska. Zum Glück hatten eini-ge wenige dieser Tiere in der Obhut zoologischer Gärten überlebt. Mit denen gelang ab 1923 die Zucht zur Rettung des Wildrindes, 1952 konn-ten die ersten Wisente wieder aus-gewildert werden – im neu geschaf-fenen Nationalpark Bialowieski an der polnisch-weißrussischen Grenze. Heute gibt es wieder rund 3.200 die-ser imposanten Kolosse, etwa 1.800 leben in freier Natur, um die zwei Dutzend im Gehege des Wolliner Na-tionalparks. Die muskulösen dunkel-braunen Wollberge mit ihren charak-teristisch geschwungenen Hörnern werden bis zu einer Tonne schwer. Jedenfalls die Bullen. Die Damen sind schlanker und ein paar hundert Kilo leichter. Sie sind allein erziehend, der Bulle entfernt sich flugs nach der Paa-rung von der Herde. Die Brunftzeit ist im Spätsommer, die Kälber werden zwischen Mai und Juli geboren.

Jedes dieser mit dem amerika-nischen Bison verwandten Tiere im Park besitzt einen eigenen Namen: Alle aus Polen stammenden Tiefland-wisente beginnen mit der Vorsilbe „PO…", ihre reinrassige Abstammung vom Bialowieski-Typ wird durch die durchgehende Großschreibung do-kumentiert. Eine besonders impo-nierende Erscheinung ist der Wolli-ner Wisentbulle POCIOTEK.

Das gesamte Gehege ist ein **Wald-zoo**, hier leben auch andere Wald-tiere wie Wildschweine, Rehe, Hirsche und sogar zwei junge See-adler. Vom Wisentgehege führt ein **grün markierter Weg** 1,2 Kilome-ter durch Kiefernwald zum National-parkmuseum in Misdroy.

Biegen wir hier in die *ul. Gryfa Po-morskiego* ein, erreichen wir nach rund 250 Metern die Einkaufspassa-ge *Pasaż pod Gryfem* mit dem wun-derbaren **Antik Café**. Hier lässt es sich nach unserer Wanderung bes-tens einkehren. Es gibt sehr deli-katen, hausgemachten Kuchen, auch Weine, und man sitzt urgemütlich in-mitten von zauberhaften Antiqui-täten wie edlen Möbeln, Gemälden, Porzellan und Stoffen. Das Café mit Antiquitätengeschäft ist täglich ab 11 Uhr geöffnet.

Romantischer Sonnenuntergang am Strand von Swinemünde

Woliński

Grodno

Wisełka

Góra Gosań
(Gosanberg)

102 J. Gardno
(Jordansee)

Jezioro
Czajcze

Góra Kawcze
(Kaffeeberg)

Park

Domysłów

Tour 6 Start

Wisentgehege

Warnowo

Międzyzdroje
(Misdroy)

Ładzin

Tour 5 Start

I n s e l

Kondrabek

W o l l i n

S

Zalesie

Jagienki

Darzow

J. Wicko
Małe

V3-Rakete

Wicko

E65

zioro Wicko
Wielkie

S

Wapnica

Turkissee

Dargobadz

Płocin

owy

Lubin

Wolin
(Wollin)

Wielki Krzek

Z a l e w   S z c z e c i ń s k i

(S t e t t i n e r   H a f f)

Kartenregister

Übersichtskarte **192**

Ortspläne

Tourenkarten

Der Autor

Wolfgang Kling ist Verfasser zahlreicher Reiseführer zu Deutschland und Polen. Zusammen mit seiner polnischen Ehefrau Grażyna, die ihn bei diesem Buch tatkräftig unterstützt hat, lebt er in Berlin und Swinemünde.

Liebe Leserinnen und Leser,

alle Angaben in diesem Reiseführer sind gewissenhaft geprüft. Trotz gründlicher Recherche unserer Autoren/-innen können sich manchmal Fehler einschleichen. Wir bitten um Verständnis, dass der Verlag dafür keine Haftung übernehmen kann.

Über Hinweise, Berichtigungen und Ergänzungsvorschläge freuen wir uns jederzeit:

via reise verlag
Lehderstraße 16–19
13086 Berlin
E-mail: post@viareise.de
www.viareise.de

© via reise verlag Klaus Scheddel
2., komplett aktualisierte Auflage 2015
Alle Rechte vorbehalten
ISBN 978-3-945983-00-3

Text & Recherche
Wolfgang Kling

Redaktion
Klaus Scheddel, Janina Johannsen
(via reise verlag)

Layout & Gestaltung
Annelie Krupicka (via reise verlag)

Kartografie
Annelie Krupicka (via reise verlag)

Druck
BGZ Druckzentrum GmbH, Berlin

MIX
Papier aus verantwortungsvollen Quellen
FSC
www.fsc.org
FSC® C109591

Fotos
Wolfgang Kling, außer:
Klaus Scheddel 19, 25, 27, 35, 38, 59, 61, 69, 71, 73, 74, 77, 78, 80, 81, 86, 88, 96; Polska Organizacja Turystyczna 7, 17, 62, 100, 123, 159, 182; pixelio.de/Gerd Pfaff 11; pixelio.de/Carl-Ernst Stahnke 13; pixelio.de/Gert Eckert 41; pixelio.de/Ute-Kawik 127; pixelio.de/Karl-Heinz-Liebisch 170; wikimedia/gemeinfrei 21; wikimedia/Photoglob AG, Zürich, Switzerland 53; wikimedia/DrKssn 95; wikimedia/Politykstargard 105; wikimedia/expired 109; wikimedia/Specjalb 110; wikimedia/Kristof Ziarnek Kenraiz 137; wikimedia/Zwiadowca21 177; wikimedia/Stachufoto 153, 180; Stadtverwaltung Swinoujscie 2, 117; Fotolia 2, 28, 107, 148; Foto Polska 66; gemeinfrei 54

Vorseiten
4-5 Blick von oben auf Swinemünde (Stadtverwaltung Swinoujscie), 48-49 Park Kasprowicza (Fotolia), 164-165 Pferdekoppel in Kaseburg (Wolfgang Kling).

Umschlag vorn
Heumarkt in Stettin
(Polska Organizacja Turystyczna)

Umschlagklappe vorn
Blick auf die Hakenterrasse in Stettin
(Wolfgang Kling)

Umschlag hinten
Mühlenbake in Swinemünde
(Fotolia)